U0949285

JICHU KUAIJIXUE XITIJI

基础会计学习题集

主　编　王霞
副主编　曾馨瑢　古力

西南财经大学出版社
Southwestern University of Finance & Economics Press

图书在版编目(CIP)数据

基础会计学习题集/王霞主编.—成都:西南财经大学出版社,
2011.8(2014.8 重印)
ISBN 978-7-5504-0397-0

Ⅰ.①基… Ⅱ.①王… Ⅲ.①会计学—习题集 Ⅳ.①F230-44

中国版本图书馆 CIP 数据核字(2011)第 170117 号

基础会计学习题集

主　编:王霞
副主编:曾馨瑢　古　力

责任编辑:邓克虎
助理编辑:高小田
封面设计:杨红鹰
责任印制:封俊川

出版发行	西南财经大学出版社(四川省成都市光华村街 55 号)
网　　址	http://www.bookcj.com
电子邮件	bookcj@foxmail.com
邮政编码	610074
电　　话	028-87353785　87352368
照　　排	四川胜翔数码印务设计有限公司
印　　刷	四川森林印务有限责任公司
成品尺寸	148mm×210mm
印　　张	7.5
字　　数	190 千字
版　　次	2011 年 8 月第 1 版
印　　次	2014 年 8 月第 3 次印刷
印　　数	4001—6000 册
书　　号	ISBN 978-7-5504-0397-0
定　　价	16.00 元

前言

基础会计是会计学知识体系中的入门课程，该课程对于初学者具有：理论较为抽象；基本原理与方法应用性要求高；理论与单位经济活动实践联系紧密等特点，对于后续相关课程的学习以及职业素质的培养具有十分重要的奠基意义。为了提高基础会计课程的教学和学习效果，便于学生学习、掌握和运用相关知识，编者编写了这本《基础会计学习题集》作为《基础会计学》的辅助配套教材。

本书在章节安排上与王霞副教授主编的《基础会计学》教材保持一致，在共分为9章来展开训练，逻辑上体现了基本理论与会计工作循环的基本原理和方法的铺陈与运用。各章练习题的基本题型由单项选择题、多项选择题、判断题、简答（述）题、业务计算与会计分录编写题等形式给出了大量的练习，以帮助学生进一步加深对基础会计课程中涉及的理论问题的理解和掌握，熟悉并掌握基础会计课程中的具体核算方法，初步了解会计工作中可能碰到的实际问题及解决办法。具体内容方面，一方面精选了各地会计职业资格考试中相关的典型题目，一个知识点在多个题型中变化出现以达到反复强化的目的；另一方面综合考虑后续课程学习和动手能力训练所需，进行了知识点上较全面的补充，在基本题型以外还设计了案例分析题目，以达到训练基本原理和方法灵活应用并激发学生学习兴趣的目的。本书给出了客观题目和简答（述）题目的参考答案，以便给予学生在基本知识点方面明确而肯定的引导。对于业务计算与会计分录编写题和案例分析题目，经过编者慎重商议，在本书中没有全部给出，既为方便教师开展习题课的课堂教学，也为便于学生通过学习小组等形式激发求知积极性留出空间。

本书可以作为高等院校会计专业和开设有会计学课程的非会计学专业的学生学习会计学入门知识的学习辅导用书，也可以作为企业会计工作者以及相关人员学习、培训和应试的参考用书。

本书的第一章到第五章由王霞副教授编写，第六章和第九章由曾馨瑢副教授编写，第七章和第八章由古力老师编写。由于时间仓促和作者水平有限，书中难免存在失误和不足之处，恳请读者批评指正。

编　者

2011年7月

目 录

第一部分　习题

第一章　总论

一、单项选择题

1. 在我国，会计一词最早出现在（　）。

A. 商朝　　B. 西周

C. 秦汉　　D. 清朝

2. 会计是以（　）为主要计量单位，反映和监督一个单位经济活动的一种经济管理工作。

A. 实物　　B. 商品

C. 劳动　　D. 货币

3. 近代会计形成的标志是（　）。

A. 以货币为主要计量单位

B. 计算机技术引进会计领域

C. 从单式记账过渡到复式记账

D. 成本会计的出现和不断完善

4. 管理活动论认为会计的本质是（　）。

A. 反映和监督　　B. 一项管理活动

C. 记账、算账、报账　　D. 提供会计信息

5.《中华人民共和国会计法》将会计的基本职能表述为（　　）。

A. 进行会计核算、实行会计监督

B. 预测经济前景

C. 参与经济决策

D. 控制经济过程

6. 会计核算是会计监督的（　　）。

A. 主要手段　　B. 根本保障

C. 基础和前提　　D. 基本目标

7. 会计的职能是（　）。

A. 永恒不变的

B. 随着生产关系的变更而发展

C. 随着经济的发展和管理理论的不断深化而不断丰富和发展

D. 只有在社会主义制度下才能发展

8. 从会计工作的现状看，会计核算职能主要是（　　）。

A. 事后核算　　B. 事中核算

C. 事前核算　　D. 预测、分析和考核

9. 会计的基本前提是对会计领域中的某些不确定因素所作的合乎常理的判断，故又称为（　　）。

A. 会计基础　　B. 会计循环

C. 会计对象　　D. 会计假设

10. 确立会计核算空间范围所依据的会计基本假设是（　　）。

A. 会计主体　　B. 持续经营

C. 会计分期　　D. 货币计量

11. 要求会计核算分清经济业务是属于本企业的还是企业的所有者，还要分清经济业务是属于本企业的还是其他企业的会计基本假设是（　　）。

A. 持续经营　　B. 会计主体
C. 货币计量　　D. 会计分期

12. 为会计核算提供了必要手段的会计假设是（　　）。
A. 会计主体　　B. 持续经营
C. 会计分期　　D. 货币计量

13. 会计主体，正确的表述是（　　）。
A. 会计主体是一个法律主体
B. 会计主体可以是一个非法律主体，但不能是企业集团
C. 会计主体可以是一个非法律主体，但必须是一个企业集团
D. 会计主体可以是一个法律主体，也可以是一个企业集团

14. 企业将融资租入固定资产视同自有固定资产核算，所体现的会计核算的一般原则是（　　）。
A. 客观性原则　　B. 一贯性原则
C. 可比性原则　　D. 实质重于形式原则

15. 会计核算必须以实际发生的经济业务为依据，必须有合法的书面凭证，不能凭空估计或虚构，这是（　　）的要求。
A. 客观性原则　　B. 重要性原则
C. 谨慎性原则　　D. 实际成本原则

16. 会计信息应当满足国家宏观经济管理的要求，满足有关各方了解企业财务状况和经营成果的需要，满足企业加强内部经营管理的需要。这是会计核算的哪项原则要求？（　　）
A. 真实性原则　　B. 可比性原则
C. 相关性原则　　D. 及时性原则

17. 会计分期存在的基础是（　　）。
A. 法律主体　　B. 会计主体
C. 持续经营　　D. 货币计量

18. （　　）界定了会计信息的时间段落，为分期结算账目

和编制财务会计报告等奠定了理论与实务基础。

A. 会计主体　　B. 会计分期
C. 会计核算　　D. 持续经营

19. 2011 年 5 月份销售 B 产品一批，货款 10 000 元，下月才能收回；5 月份销售 C 产品，货款 15 000 元已收讫；5 月份收回上月赊销给荣化公司的 A 产品货款 30 000 元。按权责发生制原则，该厂 5 月份的收入应为（　　）。

A. 20 000 元　　B. 25 000 元
C. 40 000 元　　D. 55 000 元

20. 利润表对主营业务要求列示其收入、成本、费用，而对附营业务要求简略列示其利润。这一做法体现的会计核算原则是（　　）。

A. 客观性原则　　B. 明晰性原则
C. 重要性原则　　D. 配比原则

21. 企业会计期间是（　　）。

A. 人为划分的　　B. 自然形成的
C. 营业年度　　D. 一个周转过程

22. 会计分期的目的是（　　）。

A. 为了将持续经营期间人为地划分为若干个相等的会计期间
B. 为了适应生产经营过程中自然存在的阶段时间段落
C. 为了及时地加工、获得会计信息
D. 为了和公元纪年方法保持一致

23. 下列做法中，不符合持续经营假设的是（　　）。

A. 将应付职工工资一次性发放给职工
B. 将为生产产品而购进的固定资产成本全部计入本期产品成本
C. 将本期生产产品而耗用的原材料费用全部计入本期产品成本

D. 将应收而未收的收入全部作为本期收入

24. 会计分期是建立在（ ）基础上的。

A. 会计主体 B. 持续经营

C. 货币计量 D. 权责发生制

25. 会计年度自（ ）。

A. 公历1月1日至12月31日

B. 公历每年4月1日起至次年3月31日止

C. 公历每年7月1日起至次年6月30日止

D. 公历每年10月1日起至次年9月30日止

26. 我国的会计期间包括会计年度和会计中期，并且均按公历起讫日期确定。下列不属于会计中期的是（ ）。

A. 旬 B. 月度

C. 季度 D. 半年度

27. 收入和费用是否已经发生为标准按照归属期来确定本期的收入和费用的原则称为（ ）。

A. 收付实现制原则 B. 配比原则

C. 谨慎性原则 D. 权责发生制原则

28. 确认办公用楼租金60万元，用银行存款支付10万元，50万元未付。按照权责发生制和收付实现制分别确认费用（ ）。

A. 10万，60万 B. 60万，0万

C. 60万，50万 D. 60万，10万

29. 企业的劳动资料划分为固定资产和低值易耗品分别进行核算是（ ）的具体体现。

A. 客观性原则 B. 可比性原则

C. 谨慎性原则 D. 重要性原则

30. 凡是支出的效益与几个会计年度相关的，应当作为（ ）。

A. 收益性支出 B. 营业外支出

C. 其他业务支出　　D. 资本性支出

31. 在会计年度内，如果把收益性支出当做资本性支出处理了，则会（　　）。

A. 本年度虚增资产，减少利润

B. 本年度虚增资产，虚增利润

C. 本年度虚减资产，减少利润

D. 本年度虚减资产，虚增利润

32. 对应收账款提取坏账准备金体现的是（　　）。

A. 配比原则　　B. 重要性原则

C. 相关性原则　　D. 谨慎性原则

33. 由于（　　）产生了权责发生制和收付实现制不同的记账基础。

A. 会计主体　　B. 持续经营

C. 会计分期　　D. 货币计量

34. 下列项目中，不属于会计核算方法的是（　　）。

A. 复式记账　　B. 成本计算

C. 财产清查　　D. 编制财务预算

二、多项选择题

1. 下列各项属于会计核算方法的是（　　）。

A. 复式记账　　B. 填制和审核凭证

C. 财产清查　　D. 成本计算

2. 会计核算可以采用多种量度，包括（　　）。

A. 货币量度　　B. 劳动量度

C. 空间量度　　D. 实物量度

3. 下列组织可以作为一个会计主体进行会计核算的有（　　）。

A. 企业生产车间

B. 销售部门

C. 分公司

D. 母公司及其子公司组成的企业集团

4. 根据我国《企业会计准则》，企业的会计期间划分为（　　）。

A. 年度　　B. 半年

C. 季度　　D. 月份

5. 会计基础分为（　　）。

A. 实质重于形式　　B. 收付实现制

C. 权责发生制　　D. 配比原则

6. 按照权责发生制的要求，下列收入或费用应归属于本期的是（　　）。

A. 本期销售产品的收入款项，对方尚未付款

B. 预付明年的保险费

C. 本月收回上月销售产品的货款

D. 尚未实际支付的本月借款利息

7. 下列关于权责发生制的说法中，正确的有（　　）。

A. 以本期是否有收款的权利或付款的义务为标准来确认本期的收入和费用

B. 当期已经发生的收入，如果款项没有收到，就不应当作为当期收入

C. 不属于当期的收入，即使款项在当期收到，也不应当作为当期收入

D. 不能将预收或预付的款项作为本期的收入或费用处理

8. 会计核算的基本前提包括（　　）。

A. 会计主体　　B. 持续经营

C. 会计分期　　D. 货币计量

9. 我国会计信息质量特征包括（　　）。

A. 客观性　　B. 实质重于形式

C. 持续经营　　　　　　D. 重要性

10. 谨慎性原则要求会计人员在选择会计处理方法时（　　）。

A. 不高估资产

B. 不低估负债

C. 预计任何可能的收益

D. 确认一切可能发生的损失

11. （　　）是以持续经营假设为前提的。

A. 会计分期　　　　　　B. 权责发生制原则

C. 一贯性原则　　　　　D. 及时性原则

12. 相关性原则要求所提供的会计信息（　　）。

A. 满足企业内部加强经营管理的需要

B. 满足国家宏观经济管理的需要

C. 满足有关各方面了解企业财务状况和经营成果的需要

D. 满足提高全民素质的需要

13. 会计核算的四大环节包括（　　）。

A. 确认　　　　　　　　B. 记录

C. 计量　　　　　　　　D. 报告

14. 我国会计实务中，会计信息的使用者包括（　　）。

A. 政府部门　　　　　　B. 企业内部管理者

C. 银行　　　　　　　　D. 竞争者

15. 会计的方法包括（　　）。

A. 会计核算方法　　　　B. 会计控制方法

C. 会计分析方法　　　　D. 会计考核方法

16. 会计监督是对特定主体经济活动中的（　　）进行审查的功能。

A. 合法性　　　　　　　B. 合理性

C. 及时性　　　　　　　D. 准确性

17. 我国的会计期间中，称为会计中期的是（　　）。

A. 月度　　B. 季度
C. 年度　　D. 半年度

18. 确立会计核算时间长度的会计假设是（　）。
A. 会计主体　　B. 持续经营
C. 会计分期　　D. 货币计量

19. 会计的特点包括（　）。
A. 以货币为主要计量尺
B. 以凭证为依据
C. 综合、连续、系统、完整地核算和监督经济活动情况
D. 具有一整套比较科学、完整的核算方法

20. 下列属于会计功能的有（　）。
A. 实施会计监督　　B. 参与经济决策
C. 预测经济前景　　D. 评价经营业绩

三、判断题

1. 以货币为统一计量标准是会计核算的主要特点。（　）

2. 在我国，会计核算只能以人民币为记账本位币，不得以外币记账。（　）

3. 会计核算基本前提之所以又称为会计假设，是由于其缺乏客观性以及人们无法对其进行证明。（　）

4. 慎性原则要求企业不仅要核算可能发生的收入，也要核算可能发生的费用和损失，以对未来风险进行充分核算。（　）

5. 一般来说，法律主体往往是一个会计主体。而会计主体则不一定都是法律主体。（　）

6. 会计主体是进行会计核算的基本前提。一个企业只能确立一个会计主体。（　）

7. 会计核算中，对预期发生的损失和预期获得的收入均可计算入账。（　）

8. 某一会计事项是否具有重要性，在很大程度上取决于会计人员的职业判断。对于同一会计事项，在某一企业具有重要性，在另一企业则不一定具有重要性。（　　）

9. 由于企业持续经营，才产生了当期与其他期间的差别，从而出现权责发生制和收付实现制的区别。（　　）

10. 一个法律主体有时存在多个会计主体，一个会计主体有时也包括多个法律主体。（　　）

11. 会计核算是会计监督的基础和前提，会计监督又是会计核算质量的根本保障。（　　）

12. 建立持续经营假设的目的是为了确定会计核算的时间范围，从而为及时提供会计信息打下基础。（　　）

13. 会计核算应当以人民币为记账本位币。业务收支以外币为主的企业，也可选择某种外币作为记账本位币，但编制的财务会计报告应当折合为人民币反映。（　　）

14. 会计是以货币计量为主，同时可以适当地运用其他计量单位。（　　）

15. 会计的基本职能既反映过去、又控制现在，还要预测未来。（　　）

16. 会计主体前提为会计核算确定了空间范围，会计分期前提为会计核算确定了时间范围。（　　）

17. 如果一项支出所带来的收益与几个会计年度有关，则该项支出作为收益性支出。（　　）

18. 一贯性原则要求企业一旦采用某种方法和程序，就不能改动。（　　）

19. 以货币为主要计量单位，通过确认、计量、记录、计算报告等环节，对特定主体的经济活动进行记账、算账、报账，为有关方面提供会计信息的功能是会计监督职能。（　　）

20. 按照权责发生制原则的要求，凡是本期实际收到款项的收入和付出款项的费用，不论是否归属于本期，都应当作为本

期的收入和费用处理。（　　）

四、简答题

1. 什么是会计？会计的特点有哪些？

2. 什么是会计职能？会计的基本职能有哪些？会计基本职能之间的关系是怎样的？

3. 什么是会计方法？会计核算有哪些专门的方法？

五、案例题

2010 年 4 月某企业发生以下经济业务：

1. 支付上月应付的水电费 8 000 元；
2. 收回上月赊销款 15 000 元；
3. 本月现销商品取得收入 40 000 元；
4. 支付本月的办公费 800 元；
5. 支付下季度财产保险费 900 元；
6. 本月赊销商品 20 000 元；
7. 预收货款 10 000 元；
8. 分摊上季度已经预付的应由本月负担的保险费 400 元。

要求：

（1）分别采用权责发生制与收付实现制确认本月的收入、费用和利润；

（2）说明各有何优缺点。

第二章　会计要素与会计等式

一、单项选择题

1. 会计对象是企业事业单位的（　　）。
A. 经济活动　　B. 经济资源
C. 货币表现的资金运动　　D. 劳动耗费

2. 企业的资金运动由各个环节组成，它不包括（　　）。
A. 资金投入　　B. 资金运用
C. 资金退出　　D. 资金增值

3. 下列各项中，不属于工业企业资金的循环与周转阶段的是（　　）。
A. 供应过程　　B. 生产过程
C. 销售过程　　D. 分配过程

4. 以下不属于资金退出的是（　　）。
A. 购买资产　　B. 上缴税金
C. 偿还债务　　D. 分配利润

5. 对会计对象的具体划分称为（　　）。
A. 会计科目　　B. 会计原则
C. 会计要素　　D. 会计方法

6. 下列属于反映企业财务状况的会计要素是（　　）。
A. 收入　　B. 所有者权益
C. 费用　　D. 利润

7. 反映企业经营成果的会计要素，也称为动态会计要素，构成利润表的基本框架。下列不属于动态会计要素的是（　　）。

A. 收入　　B. 成本

C. 费用　　D. 利润

8. 企业所拥有的资产从财产权利归属来看，一部分属于投资者，另一部分属于（　）。

A. 企业职工　　B. 债权人

C. 债务人　　D. 企业法人

9.（　）的确认是主要的，最为基本的。

A. 资产　　B. 负债

C. 收入　　D. 利润

10. 负债是指由于过去交易或事项所引起的企业的（　）。

A. 过去义务　　B. 现时义务

C. 将来义务　　D. 永久义务

11. 以下哪项属于公司的负债?（　）

A. 公司总经理购买房产欠银行的按揭贷款

B. 公司董事长购买房产欠银行的按揭贷款

C. 公司因购买设备向银行申请的银行承兑汇票

D. 公司向供应商购买材料预付的货款

12. 预收账款属于会计要素中的（　）。

A. 资产　　B. 负债

C. 收入　　D. 利润

13. 下列各项属于长期负债的有（　）

A. 应收账款　　B. 应付账款

C. 其他应付款　　D. 应付债券

14. 所有者权益是企业投资人对企业净资产的要求权，在数量上所有者权益等于（　）。

A. 全部资产扣除流动负债

B. 全部资产扣除长期负债

C. 全部资产加上流动负债

D. 全部资产扣除全部负债

15. 下列经济业务属于资产内部一增一减的是（　　）。

A. 收到欠款存入银行

B. 用银行存款支付欠款

C. 收到投资者投入设备一台

D. 销售商品收到货款存入银行

16. 企业现有资产总额为 10 万元，在发生一笔“用银行存款购入材料 2 万元”的经济业务后，企业的资产总额将为（　　）。

A. 7 万元　　B. 10 万元

C. 13 万元　　D. 上述都不是

17. 下列各项中，符合会计要素收入定义的是（　　）。

A. 出售材料收入　　B. 出售固定资产净收益

C. 代第三方收取的款项　　D. 出售无形资产净收益

18. 下列项目中，不属于收入范围的是（　　）。

A. 商品销售收入　　B. 劳务收入

C. 租金收入　　D. 代收款项

19. 下列经济业务中，（　　）不会发生。

A. 资产增加，权益增加

B. 资产减少，权益增加

C. 权益不变，资产有增有减

D. 资产不变，权益有增有减

20. 下列各项，能够引起企业所有者权益增加的是（　　）。

A. 增发新股　　B. 以资本公积转赠资本

C. 提取盈余公积　　D. 投资者撤资

21. 下列关于所有者权益说法不正确的是（　　）。

A. 所有者权益是一种剩余权益

B. 所有者权益在数量上等于资产减去负债后的余额

C. 所有者权益就是实收资本（或股本）

D. 收入的增加会导致所有者权益的增加

22. 某企业刚建立时，权益总额为 80 万元，现发生一笔以银行存款 10 万元偿还银行借款的经济业务，此时该企业的资产总额为（　）。

A. 80 万元　　B. 90 万元

C. 100 万元　　D. 70 万元

23. 会计的基本恒等式是（　）。

A. 资产 + 负债 = 所有者权益

B. 资产 = 负债 + 所有者权益

C. 收入 - 费用 = 利润

D. 收入 - 成本 = 利润

24. 下列项目中，引起负债有增有减的是（　）。

A. 用银行存款支付欠货款

B. 开出应付票据抵付应付账款

C. 用银行存款归还借款

D. 用银行存款上交税金

25. 某企业 9 月份的资产总额为 50 000 元，负债总额为 20 000元。9 月份发生如下业务：9 月份取得收入共计 24 000 元，发生费用共计 18 000 元，则 9 月份该企业的所有者权益总额为（　）元。

A. 31 000　　B. 36 000

C. 50 000　　D. 45 000

26. 下列关于收入的说法中，错误的是（　）。

A. 收入是企业在日常活动中形成的

B. 收入会导致经济利益的流入，钱流入不包括所有者投入的资本

C. 收入最终会导致所有者权益的增加

D. 所有者投入的资本是收入的一种特殊形式

27. 下列各项中，属于表现企业资金运动显著变动状态的会计要素有（　　）。

A. 收入　　B. 所有者权益

C. 资产　　D. 负债

28. 下列各项中，不属于期间费用核算内容的是（　　）。

A. 生产成本　　B. 管理费用

C. 销售费用　　D. 财务费用

29. 以银行存款交纳税金，所引起的变动为（　　）。

A. 一项资产减少，一项负债增加

B. 一项资产减少，一项负债减少

C. 一项所有者权益增加，一项负债减少

D. 一项资产增加，一项资产减少

30. 下列不属于流动负债的是（　　）。

A. 应付债券　　B. 应付股利

C. 应付票据　　D. 应付账款

二、多项选择题

1 工业企业的资金运动包括的几个阶段是（　　）。

A. 资金投入　　B. 资金循环与周转

C. 资金耗用　　D. 资金退出

2. 生产企业的生产经营活动分为（　　）三个阶段。

A. 供应阶段　　B. 储存阶段

C. 生产阶段　　D. 销售阶段

3. 下列属于资金使用阶段的是（　　）。

A. 用银行存款购买材料　　B. 生产产品领用材料

C. 销售商品　　D. 上缴税金

4. 下列属于反应企业财务状况的会计要素的是（　　）。

A. 资产　　B. 负债

C. 所有者权益　　D. 收入

5. 下列属于反应企业经营成果的会计要素的是（　　）。

A. 资产　　B. 费用

C. 利润　　D. 收入

6. 下列项目属于资产的有（　　）。

A. 机器设备　　B. 存货

C. 预收账款　　D. 预付账款

7. 属于流动资产的有（　　）。

A. 存放在银行的存款　　B. 存放在仓库的材料

C. 厂房和机器　　D. 企业的办公楼

8. 资产的基本特征包括（　　）。

A. 资产是由于过去的交易或事项形成的

B. 必须是投资者投入的

C. 资产由企业拥有或控制的

D. 资产预期能为企业带来经济利益

9. 下列各项中属于期间费用的是（　　）。

A. 制造费用　　B. 管理费用

C. 财务费用　　D. 销售费用

10. 下列各项属于所有者权益的是（　　）。

A. 股本　　B. 盈余公积

C. 实收资本　　D. 资本公积

11. 下列项目中，不属于所有者权益内容的是（　　）。

A. 长期投资　　B. 盈余公积

C. 资本公积　　D. 预收账款

12. 按照企业从事日常活动的性质，收入有三种来源（　　）。

A. 销售商品取得收入

B. 提供劳务取得收入

C. 让渡资产使用权取得收入

D. 主营业务取得收入

13. 以下属于收入类要素的包括（ ）。

A. 营业外收入 B. 商品销售收入

C. 提供劳务收入 D. 让渡资产使用权收入

14. 下列经济业务中，会引起企业资产和负债同时增加的有（ ）。

A. 向银行借入款项 B. 赊购固定资产一台

C. 以银行存款购买股票 D. 以银行存款偿还借款

15. 属于引起会计等式左右两边会计要素变动的经济业务有（ ）。

A. 收到某公司所欠货款 20 000 元存入银行

B. 以银行存款偿还银行借款

C. 收到某单位投来机器一台，价值 80 万元

D. 以银行存款偿还前欠货款 10 万元

16. 企业发生的下列经济业务中属于资金循环与周转的有（ ）。

A. 让渡资产使用权 B. 购买原材料

C. 销售商品 D. 计提固定资产折旧

17. 下列应记入其他业务收入的有（ ）。

A. 罚款收入 B. 出售无形资产收入

C. 销售材料收入 D. 出租包装物收入

18. 下列关于会计等式的说法中，正确的有（ ）。

A. “资产 = 负债 + 所有者权益”是最基本的会计等式

B. “利润 = 收入 - 费用”是编制利润表的理论依据

C. “资产 = 负债 + 所有者权益 + （收入 - 费用）”说明了企业经营成果对资产和所用者权益产生的影响

D. 企业经济业务的发生不会破坏会计基本等式

19. 取得收入可能会直接影响的会计要素增减变化的有（ ）。

A. 资产 B. 负债

C. 费用　　　　　　　　　　D. 利润

20. 当一笔经济业务只涉及权益方面有关项目之间的金额变化时，以下情形不符合会计等式两边金额变化的有（　）。

A. 同增　　　　　　　　　　B. 同减

C. 不增不减　　　　　　　　D. 一方增加，一方减少

三、判断题

1. 某一财产物资要成为企业的资产，其所有权必须属于企业。（　）

2. 企业一定期间发生亏损，则必定导致其所有者权益的减少。（　）

3. 从数量上看，所有者权益等于企业全部资产减去全部负债后的余额。（　）

4. 主营业务收入和营业外收入均属于收入。（　）

5. 按资本保全原则，企业筹集到资本金后，在企业生产经营期间，投资者除依法转让外，一般不得抽回投资。（　）

6. 一项经济业务的发生引起负债的增加和所有者权益的减少，会计基本等式的平衡关系没有被破坏。（　）

7. 从数量上看，资产与权益始终保持平衡关系，任何经济业务的发生均不会改变资产和权益的金额。（　）

8. 会计对象各要素之间的平衡关系可以用公式表示为：收入 - 费用 = 利润，它通常被称为会计恒等式。（　）

9. 无形资产是一种不存在实物形态的经济资源。（　）

10. 经济业务的发生一定会引起会计等式双方的同增同减。（　）

11. 企业的一台生产设备在技术上已经被淘汰，不能为企业带来未来的经济利益，该设备不能再确认为企业资产，而应确认为一项资产损失。（　）

12. 利得是日常活动所形成的，因此应计入营业收入。（　）

13. 负债是现在的交易或事项所引起的现有义务。（　）

14. 所有者权益是企业投资人对企业资产的所有权。（　）

15. 费用和成本是同一个概念。（　）

16. 制造费用属于期间费用。（　）

四、简答题

1. 什么是会计要素？我国包括哪些会计要素？
2. 什么是资产？资产的特点有哪些？
3. 什么是收入？收入的特点有哪些？收入的类型有哪些？
4. 什么是经济业务？经济业务对会计方程式的影响如何？

五、综合题

习题一

根据以下资料，确认所列的各项目属于哪类会计要素（资产、负债、所有者权益、收入、费用、利润）

序号	项目	资产	负债	所有者权益	收入	费用	利润
1	厂部办公大楼						
2	库存的材料						
3	应付光明工厂的货款						
4	存在工商银行的款项						
5	预收客户的货物订金						
6	财务部门库存现金						
7	应收泰丰集团货款						

表(续)

序号	项目	资产	负债	所有者权益	收入	费用	利润
8	还未上缴的税金						
9	运货汽车						
10	车间办公室使用的计算机						
11	出借包装物收取的押金 1 000 元						
12	个人投入的资本						
13	厂部发生的办公费						
14	销售商品的货款						
15	向银行借入半年期借款						
16	未完工产品						
17	支付的广告费						
18	企业提取的盈余公积						
19	已完工入库的产品						
20	专利权 25 000 元						
21	本月实现的利润 40 000 元						
22	卖材料的汇款						
23	借款的利息						
24	股东投入的股本						

习题二

假设某企业 12 月 31 日的资产、负债和所有者权益的状况如下表所示：

资产	金额	负债及所有者权益	金额
库存现金	1 000	短期借款	20 000
银行存款	30 000	应付账款	10 000
应收票据	20 000	应交税费	1 000
原材料	60 000	实收资本	150 000
固定资产	100 000	资本公积	20 000
无形资产	A	盈余公积	B
合计	211 000	合计	C

（1）表中应填的数据为：A ________ B ________ C ________

（2）计算该企业的流动资产总额。

（3）计算该企业的负债总额。

（4）计算该企业的净资产总额。

习题三

目的：

练习经济业务发生对会计等式的影响。

1. 远大企业 2010 年 10 月 1 日资产项目合计为 500 000 元，负债项目合计为 100 000 元，所有者权益项目合计为 400 000 元。

2. 该企业 2010 年 10 月份发生下列经济业务：

（1）购入材料一批已入库，金额 8 000 元，货款暂欠；

（2）购入材料一批已入库，金额 6 000 元，款项以银行存款支付；

（3）国家投入设备一台，价值 20 000 元；

（4）从银行借入三个期借款 30 000 元，存入银行；

（5）收回前所欠货款 20 000 元，存入银行；

（6）以现金 800 元，支付采购员出差预借的差旅费；

（7）以银行存款 20 000 元偿还长期借款；

（8）接受某单位捐赠的机器设备 3 台，价值 300 000 元；

(9) 用银行存款20 000 元支付广告费用;

(10) 以银行存款20 000 元缴纳应交税金;

(11) 以现金500 购买办公用品;

(12) 从银行提取现金2 000 元;

(13) 将盈余公积20 000 元，转增资本;

(14) 以银行存款支付罚款2 000 元。

要求:

(1) 逐项分析上述经济业务发生后对资产、负债和所有者权益三个要素增减变动的影响，资产总额与权益总额之间的平衡关系是否被破坏;

(2) 月末，计算资产、负债和所有者权益三个要素的总额，并列出会计等式。

六、案例分析题

1. 光明书店2011 年2 月份发生的五笔经济业务列示在以下等式里:

	资产				负债	所有者权益
	现金 +	银行存款 +	家具用品 +	书	= 应付账款 +	实收资本
期初:	500	8 000	800	7 000	1 300	15 000
业务1:		−1 200			−1 200	
业务2:	+500	−500				
业务3:	+1 000	+8 000				+9 000
业务4:				+10 000	+2 000	+8 000
业务5:			+2 000		+1 200	

试据上述资料，描述并分析该书店发生的每笔经济业务，说明其对资产、负债及所有者权益的影响。

2. 王伟原来是公务员，年薪40 000 元。一年前他辞去公职，个人投资50 000 元，创办了梅林娱乐中心，主要经营宴席、酒会、随意小吃等饮食报务，同时兼营舞会、宴会等场地出租。该娱乐中心一年来的经营情况汇总如下：

（1）提供饮食服务收入400 000元；

（2）出租场地租金收入50 000元；

（3）各种饮食的成本支出共计200 000元；

（4）支付广告费用30 000元；

（5）支付雇员工资100 000元，王伟生活费10 000元；

（6）耗用清洁卫生用品等共计4 000元，水电费6 000元；

（7）其他杂费2 000元。

试确定王伟一年来的经营成果：并评定其辞职搞个体经营是否更有利可图？

第三章　会计账户与复式记账

一、单项选择题

1. 会计科目与账户之间的显著区别是（　　）。
   A. 记录资产和负债的结果不同
   B. 账户有结构而会计科目无结构
   C. 记录资产与权益的增减变动情况不同
   D. 反映交易或事项的结果不同
2. 会计科目是对（　　）。
   A. 会计对象分类所形成的项目
   B. 会计方法分类所形成的项目
   C. 会计要素分类所形成的项目
   D. 会计账户分类所形成的项目
3. 会计账户是根据（　　）分别设置的。
   A. 会计对象　　B. 会计要素
   C. 会计科目　　D. 经济业务
4. 下列属于损益类账户的是（　　）。
   A. 所得税费用　　B. 本年利润
   C. 生产成本　　D. 制造费用

5. 企业设置的会计科目应为提供有关各方所需要的会计信息服务，体现了会计科目设置的（　　）原则。
   A. 合法性原则　　B. 合理性原则
   C. 实用性原则　　D. 相关性原则
6. 总分类科目一般由（　　）统一制定。
   A. 财政部　　B. 财政局

C. 企业　　D. 省级财政

7. 按反映的经济内容分，制造费用属于（　　）科目。

A. 资产类　　B. 负债类

C. 损益类　　D. 成本类

8. 下列账户属于成本类账户的有（　　）。

A. 主营业务成本　　B. 生产成本

C. 其他业务支出　　D. 管理费用

9. 下列会计分录中属于简单会计分录的是（　　）。

A. 一借多贷分录　　B. 多借多贷分录

C. 多借一贷分录　　D. 一借一贷分录

10. 账户哪方登记增加数，哪方登记减少数，要根据账户的（　　）来决定。

A. 性质和类别　　B. 用途

C. 结构　　D. 程序

11. 复式记账是对每项经济业务都要以相等的金额在（　　）相互联系的账户中进行记录。

A. 一个　　B. 所有

C. 两个　　D. 两个或两个以上

12. 借贷记账法的借方表示（　　）。

A. 资产增加，负债及所有者权益减少

B. 资产增加，负债及所有者权益增加

C. 资产减少，负债及所有者权益减

D. 资产减少，负债及所有者权益增加

13. 借贷记账法的贷方表示（　　）。

A. 资产增加，负债及所有者权益增加

B. 资产减少，负债及所有者权益增加

C. 资产增加，负债及所有者权益减少

D. 资产减少，负债及所有者权益减少

14. 资产类账户的结构与所有者权益类账户的结构

( )。

A. 一致　　B. 相反
C. 基本相同　　D. 无关

15. 目前，我国一切企业和行政事业单位的会计记账都必须采用( )。

A. 增减记账法　　B. 单式记账法
C. 收付记账法　　D. 借贷记账法

16. 借贷记账法试算平衡的方法是( )。

A. 差额平衡
B. 总账及所属明细账的余额平衡
C. 发生额平衡、余额平衡
D. 所有资产类和负债类的余额平衡

17. 借贷记账法的理论基础是( )。

A. 会计要素　　B. 会计原则
C. 会计等式　　D. 复式记账法

18. “应收账款”账户期初借方余额为50 000元，借方本期发生额为20 000元，贷方本期发生额为30 000元，该账户期末余额为( )。

A. 30 000元　　B. 20 000元
C. 40 000元　　D. 50 000元

19. 下列交易中引起资产类账户金额一增一减的是( )。

A. 用银行存款购买材料，价款10 000元
B. 用银行存款偿还前欠货款30 000元
C. 收到投资者投入设备一台价值70 000元
D. 用应付票据抵付应付账款10 000元

20. 某企业月末编制的试算平衡表中，全部账户的本月贷方发生额合计为50 000元，除“其他应收款”以外，其他账户的本月借方发生额合计为48 000元，则“其他应收款”账户

（　　）。

A. 本月借方发生额为 2 000 元

B. 本月贷方发生额为 2 000 元

C. 月末借方余额为 2 000 元

D. 月末贷方余额为 2 000 元

21. 存在对应关系的账户称为（　　）。

A. 相关账户　　B. 对应账户

C. 对称账户　　D. 相对账户

22. 某企业本期期初余额为 5 000 元，本期期末余额为5 300 元，本期减少发生额为 1 000 元，则该企业本期增加发生额为（　　）元。

A. 1 000　　B. 2 000

C. 3 000　　D. 4 000

23. （　　）不属于损益类账户的会计科目。

A. 生产成本　　B. 主营业务收入

C. 其他业务收入　　D. 管理费用

24. （　　）既反映了会计对象要素间的基本数量关系，同时也是复式记账法的理论依据。

A. 会计科目　　B. 会计恒等式

C. 记账符号　　D. 账户

25. 在借贷记账法下，负债类账户的结构特点是（　　）。

A. 借方记增加，贷方记减少，余额在借方

B. 贷方记增加，借方记减少，余额在贷方

C. 借方记增加，贷方记减少，一般无余额

D. 贷方记增加，借方记减少，一般无余额

26. 在会计核算中，运用复式记账、填制会计凭证、登记账簿和编制报表等环节，都要以（　　）为依据。

A. 会计科目　　B. 账户

C. 总分类账　　D. 一级科目

27. “应付账款”账户的期初余额为 8 000 元，本期增加额为 12 000 元，期末余额为 6 000 元，则该账户本期减少额为（　　）元。

A. 10 000　　B. 14 000

C. 2 000　　D. 4 000

28. 在借贷记账法下，资产类账户的期末余额等于（　）。

A. 期初借方余额 + 本期借方发生额 − 本期贷方发生额

B. 期初贷方余额 + 本期贷方发生额 − 本期借方发生额

C. 期初借方余额 + 本期贷方发生额 − 本期借方发生额

D. 期初贷方余额 + 本期借方发生额 − 本期贷方发生额

29. 以下哪项不是损益类账户（　　）。

A. 反映收益的账户　　B. 反映生产成本的账户

C. 反映销售成本的账户　　D. 反映期间费用的账户

30. 某企业“长期借款”账户期末贷方余额为 100 000 元，本期共增加 60 000 元，减少 80 000 元，则该账户的期初余额为（　　）。

A. 借方 80 000 元　　B. 贷方 120 000 元

C. 借方 120 000 元　　D. 贷方 80 000 元

31. 以下哪项不符合借贷记账法的记账规则？（　　）

A. 两项资产同时增加　　B. 资产、资本同时减少

C. 资产、负债同时增加　　D. 资产、负债同时减少

32. 将一项经济业务登入有关账户，这些账户之间必然存在（　　）。

A. 从属关系　　B. 对立关系

C. 对照关系　　D. 平行登记关系

33. 根据借贷记账法的账户结构，在账户借方登记的是（　　）。

A. 费用的增加　　B. 收入的增加

C. 费用的减少　　　　　　D. 所有者权益的增加

34. 下列错误事项能通过试算平衡查找的有（　）。

A. 某项经济业务未入账

B. 某项经济业务重复记账

C. 应借应贷账户中借贷方向颠倒

D. 应借应贷账户中金额不等

35. 根据借贷记账法的账户结构，在账户贷方登记的是（　）。

A. 费用的增加　　　　　　B. 收入的增加

C. 费用的减少　　　　　　D. 资产的增加

二、多项选择题

1. 会计科目的设置原则是（　　）。

A. 合法性原则　　　　　　B. 重要性原则

C. 相关性原则　　　　　　D. 实用性原则

2. 在借贷记账法下，账户贷方记录的内容是（　）。

A. 资产的增加

B. 资产的减少

C. 负债及所有者权益的增加

D. 负债及所有者权益的减少

3. 总分类账户和明细分类账户平行登记的基本要点是（　）。

A. 登记的原始依据相同

B. 登记的次数相同

C. 登记的方向相同

D. 登记的会计期间相同

4. 复合会计分录是指（　）。

A. 一借一贷的会计分录

B. 一借多贷的会计分录

C. 多借一贷的会计分录
D. 多借多贷的会计分录

5. 所有者权益类科目主要有（　　）。
A. 营业外收入　　B. 实收资本
C. 利润分配　　D. 盈余公积

6. 会计分录的基本内容有（　　）。
A. 应记账户的名称　　B. 应记账户的方向
C. 应记入账的金额　　D. 应记入账的时间

7. 在借贷记账法下，账户借方记录的内容是（　　）。
A. 资产的增加
B. 资产的减少
C. 负债及所有者权益的增加
D. 负债及所有者权益的减少

8. 借贷记账法的基本内容通常包括（　　）。
A. 记账规则
B. 会计等式
C. 试算平衡
D. “借”、“贷”记账符号及其账户结构

9. 下列账户中，在会计期末一般有余额的账户有（　　）。
A. 资产类账户　　B. 损益类账户
C. 负债类账户　　D. 所有者权益类账户

10. 在进行试算平衡时，下列哪些错误不会影响借贷双方的平衡关系（　　）。
A. 漏记某项经济业务
B. 重记某项经济业务
C. 某项经济业务记错有关账户
D. 某项经济业务颠倒了记账方向

11. （　　）属于资产中有关项目有借有贷的经济业务。
A. 收到某单位还来欠款 1 000 元

B. 向银行借入短期借款 20 000 元

C. 以银行存款 20 000 元购买设备

D. 从银行提取现金 500 元

12. 以下哪些项符合借贷记账法记账规则（ ）。

A. 一项资产增加，另一项资产减少

B. 一项负债增加，另一项负债减少

C. 一项所有者权益增加，一项资产增加

D. 一项负债增加，一项资产减少

13. 会计分录可以为（ ）。

A. 一借一贷　　B. 一借多贷

C. 多借一贷　　D. 多借多贷

14. 关于会计科目，下列说法正确的有（ ）。

A. 所有的一级科目都有其所属的二级科目

B. 一级科目与二级科目之间，从性质上说是平行关系

C. 一级科目与二级科目之间，从性质上说是从属关系

D. 会计科目由主管全国会计工作的财政部门制定

15. 借贷记账法试算平衡方法（ ）。

A. 余额试算平衡法　　B. 发生额试算平衡法

C. 余额调节表法　　D. 差额试算平衡法

16. 下列账户中，在会计期末一定没有余额的有（ ）。

A. 管理费用　　B. 实收资本

C. 生产成本　　D. 主营业务收入

17. 会计科目按其核算详细程度不同，可以分为（ ）。

A. 总分类科目　　B. 子目

C. 资产类科目　　D. 明细科目

18. 对于收入类账户来讲（ ）。

A. 期末没有余额

B. 期末有借方余额

C. 增加记入账户的借方

D. 增加记入账户的贷方

19. 下列说法正确的有（　　）。

A. 资产类会计账户增加记借方，减少记贷方

B. 负债类账户增加记贷方，减少记借方

C. 收入类账户增加记贷方，减少记借方

D. 费用类账户增加记借方，减少记贷方

20. 有关借贷记账法说法正确的是（　　）。

A. 采用“借”、“贷”作为记账符号

B. 以“资产 = 负债 + 所有者权益”这一会计等式作为理论依据

C. 记账规则是“有借必有贷，借贷必相等”

D. 是我国会计核算的法定记账方法

21. 有关总分类账户和明细分类账户的关系，以下说法正确的有（　　）。

A. 总分类账户对明细分类账户具有统驭控制作用

B. 明细分类账户对总分类账户具有补充说明作用

C. 总分类账户与其所属明细分类账户在总金额上应当相等

D. 总分类账户与明细分类账户所起的作用不同

22. 借贷记账法的记账规则是（　　）。

A. 有借必有贷　　B. 有增必有减

C. 借贷必相等　　D. 增减必相等

三、判断题

1. 所有账户的左方均记录增加额，右方均记录减少额。（　　）

2. 会计科目仅是名称而已，若要体现会计要素的增减变化及变化后的结果要借助于账户。（　　）

3. 试算平衡表中借贷发生额合计如果平衡，说明记账肯定

没有错误。（ ）

4. 一般来说，各类账户的期末余额与记录增加额的一方都在同一方向。（ ）

5. 在借贷记账方式下，账户借方登记增加额，贷方登记减少额。（ ）

6. 资产类账户的余额一般在借方，权益类账户的余额一般在贷方。（ ）

7. 成本类账户的结构与资产类账户结构基本相同。（ ）

8. 如果某个总分类账户余额为零，则其所属的各明细账户的余额加起来也为零。（ ）

9. 明细会计科目可以根据企业内部管理的需要自行设定。（ ）

10. 平行登记要求对所发生的每一项交易或事项都要以已审核的会计凭证为记账依据，分别在两个或两个账户中进行登记。（ ）

11. 在借贷记账法下，账户的哪一方登记增加，哪一方登记减少，取决于账户的性质。（ ）

12. 收入类账户的借方登记增加，贷方登记减少。（ ）

13. 根据复式记账法原理，任何一项经济业务的发生，都将使两个以上会计科目发生增减变化，但增减金额的绝对值不一定相等。（ ）

14. 账户是根据会计科目设置的，所以两者可以互相代替。（ ）

15. 借贷记账法下，反映企业期间费用的账户与所有者权益类账户的结构相同。（ ）

16. 根据借贷记账法的记账规则，任何一笔交易的发生，都必须至少记入一个账户的借方和另一个账户的贷方。（ ）

17. 为判断会计账户记录是否正确，常用编制试算平衡表的方法。只要实现了期初余额、本期发生额和期末余额的三栏平

衡关系，即说明账户记录正确无误。 ( )

18. 权益类账户期末余额 = 期初贷方余额 + 本期贷方发生额 - 本期借方发生额。 ( )

19. 任何只在借方或贷方登记，而无对应的贷方或借方记录，或者借贷金额不相等的记录，都是错误的会计记录。 ( )

20. 一个复合会计分录可以分解为几个简单会计分录。 ( )

四、简答题

1. 会计科目和账户的联系和区别是什么？
2. 借贷记账法的定义是什么？借贷记账法的特点有哪些？
3. 什么是借贷记账法下的试算平衡法？试算平衡法包括几种方法？这几种试算平衡方法的依据是什么？

五、综合题

习题一

目的：

进一步熟悉资产、负债和所有者权益的分类，同时熟悉会计科目。

利民工厂2010年6月30日的资产、负债及所有者权益资料如下表所示。

要求：

（1）根据资料内容，分清资产、负债、所有者权益。

（2）根据资料内容，确定会计科目并填入相应空格内。

（3）将同一会计科目的金额相加，填入账户余额表内。

顺序号	资料内容	金额	资产	负债	所有者权益	会计科目
1	存在银行的存款	478 200				
2	向银行借入一年期借款	300 000				
3	某企业用房屋向企业进行投资	4 000 000				
4	库存的材料	120 000				
5	应付给供应商的货款	90 000				
6	应向客户收取的销货款	400 000				
7	制作产品用的钢材	623 000				
8	国家用货币向企业投资	1 500 000				
9	购入的产品专利权	100 000				
10	财务部门的库存现金	1 100				
11	6月份实现的利润	350 000				
12	尚未分配的利润	-115 500				
13	应付给房管部门的代扣房租	2 400				
14	库存已完工的产品	476 900				
15	生产用的机器设备	2 560 000				
16	厂房、办公楼	1 440 000				
17	从利润中提取的盈余公积金	70 000				
18	采购人员预借的差旅费	800				
19	签发给供应商的商业承兑汇票	153 100				
20	收到购货单位的商业承兑汇票	150 000				

账户余额表

年　月

资产		负债和所有者权益	
账户名称	金额	账户名称	金额
合　计		合　计	

习题二

目的：

练习账户结构以及期末余额和本期发生额的关系。

已知某企业 2010 年 5 月份部分账户的有关资料如下表所示。

2010 年 5 月部分账户资料

单位：元

账户	期初余额	本期增加额	本期减少额	期末余额
库存现金	A	800	600	800
银行存款	10 000	20 000	15 000	B
原材料	20 000	C	5 000	30 000
应收账款	4 000	1 000	D	2 000
短期借款	2 000		10 000	1 000

表(续)

账户	期初余额	本期增加额	本期减少额	期末余额
应付账款	E	4 000	7 000	2 000
实收资本	100 000	20 000	30 000	F
资本公积	20 000	5 000	G	10 000

要求：

计算表中空格中的数字并将计算结果填入表中。

习题三

目的：

练习借贷记账法下账户结构的特点和余额的计算公式。

大兴股份有限公司 2005 年 3 月 31 日各账户的有关资料如下：

2010 年 10 月 31 日账户有关资料

单位：千元

账户	期初余额		本期发生额		期末余额	
	借方	贷方	借方	贷方	借方	贷方
银行存款	1 345		8 077	4 236	A	
应收账款	46		B	120	100	
原材料	264		552	C	203	
短期借款		543	D	7 240		443
应付账款		188	272	100		E
长期借款		100	300	F		200
股本		G		500		800

要求：

根据以上资料，将正确的数字填入表中的适当的空格中。

习题四

目的：

练习会计分录的编制和编制试算平衡表。

1. 从银行提取现金 2 000 元；
2. 向银行借入半年期借款 150 000 元存入银行；
3. 接受投资者追加投资 50 000 元，存入银行；
4. 收回前欠货款 230 000 元，存入银行；
5. 购进材料 35 000 元，已经验收入库，货款暂欠；
6. 职工预借差旅费现金 1 000 元；
7. 用银行存款支付广告费 10 000 元；
8. 购买办公用品 500 元，以现金支付。

要求：

分析每一项经济业务对会计等式的影响，并编制发生额试算平衡表。

习题五

目的：

练习会计分录的编制和编制综合试算平衡表。

1. 某企业 2010 年 5 月底部分总账期末余额如下：

单位：元

固定资产	300 000	实收资本	400 000
原材料	100 000	生产成本	40 000
短期借款	50 000	库存现金	1 000
应交税费	20 000	应收账款	40 000

表(续)

固定资产	300 000	实收资本	400 000
应付账款	20 000	银行存款	20 000
其他应收款	4 000	应收票据	5 000

2. 6月份发生如下经济业务：

(1) 6 月 2 日，收到投资者投入的设备一台，价值为200 000元。

(2) 6 月 4 日，从银行取得六个月期限借款 30 000 元，存入银行账户。

(3) 6 月 8 日，购入材料 50 000 元，已验收入库，货款尚未支付。

(4) 6 月 10 日，以银行存款 20 000 元偿还一个期限的银行借款。

(5) 6 月 12 日，开出转账支票，偿还上月所欠明星厂货款 20 000 元。

(6) 6 月 13 日，接到银行收款通知，收到远大公司支付的所欠货款 30 000 元。

(7) 6 月 15 日，开出现金支票，从银行提取现金 3 000 元。

(8) 6 月 18 日，采购员预借差旅费 800 元，以现金支付。

(9) 6 月 21 日，开出转账支票 10 000 元，交纳所欠税金。

(10) 6 月 30 日，生产产品领用材料 50 000 元。

要求：

(1) 根据上述资料，开设有关的“T”形账户，并登记期初余额；

(2) 根据上述资料，编制会计分录并过账；

(3) 编制综合试算平衡表。

六、案例分析题

泰丰公司2008年12月31日的试算表如下：

红光公司试算表

2008年12月31日　　　　单位：元

账户名称	借方	贷方
现金	615	
银行存款	45 109	
原材料	56 060	
生产成本	150 176	
应收账款	10 250	
待摊费用	120 000	
固定资产	100 000	
长期借款		100 000
应付账款		12 600
股本		210 000
主营业务收入		180 000
营业费用	10 470	
管理费用	10 920	
合计	503 600	502 600

发生的错账如下：

1. 将一笔收到银行存款3 850元，记作3 580元。

2. 摊销费用登记试算表时多记了一个零。

3. 一项原材料500元未入账。销售货款500元，款项未收回，误记作账户的贷方。

4. 漏记“主营业务成本”100 000元。

5. “营业费用”账户少记1 000元。

6. 现金少记30元。

7. 一笔支付欠款2 100元业务，过账时误记在账户的贷方。

要求：

（1）泰丰公司会计人员在编制试算表后发现账户发生额合计不平衡，相差1 000元，该会计人员认为可能是销售费用多记1 000元，就更改了销售费用账户，使试算表平衡了。该会计人员的做法是否正确，为什么？

（2）在主管会计人员的监督下，该会计人员认真查阅了账簿和凭证，发现了资料2的各项错误，请根据检查结果，为泰丰公司编制一份正确的试算表。

第四章 制造企业主要经济业务的核算

一、单项选择题

1 一般纳税人企业的“原材料”账户借方记录采购过程中发生的（ ）。

A. 采购材料的采购成本 B. 采购人员的工资

C. 采购材料的进项税额 D. 采购人员的差旅费

2. 一般纳税人企业，不构成材料采购成本的是（ ）。

A. 材料买价 B. 进项税额

C. 运杂费用 D. 其他采购费用

3. 企业所有者权益中的盈余公积和未分配利润称为（ ）。

A. 所有者权益 B. 留存收益

C. 资本公积 D. 实收资本

4. 企业接受外单位或个人捐赠时，应贷记的账户是（ ）。

A. 盈余公积 B. 营业外收入

C. 实收资本 D. 资本公积

5. 从银行借入半年内需要偿还的借款，贷方科目是（ ）。

A. 应付票据 B. 短期借款

C. 应付账款 D. 长期借款

6. 采购员出差预借差旅费时，应借记（ ）账户。

A. 其他应收款 B. 管理费用

C. 制造费用 D. 营业费用

7. 计提固定资产折旧时，应贷记的账户为（　　）。

A. 固定资产　　B. 管理费用

C. 预提费用　　D. 累计折旧

8. 制造产品中发生的各项直接生产费用，应记入（　　）账户的借方。

A. 主营业务成本　　B. 制造费用

C. 生产成本　　D. 管理费用

9. 月末对“制造费用”进行分配并转账，应转入（　　）账户。

A. 生产成本　　B. 管理费用

C. 主营业务成本　　D. 财务费用

10. “生产成本”账户的贷方登记（　　）。

A. 为生产产品发生的各项费用

B. 完工入库产品的生产成本

C. 期末转入本年利润账户的成本

D. 已销售产品的生产成本

11. 公司销售材料取得的收入，应记入（　　）。

A. 其他业务收入　　B. 主营业务收入

C. 营业外收入　　D. 投资收益

12. 某企业为增值税一般纳税人。本期外购原材料一批，发票上注明买价 10 000 元，增值税额为 1 700 元，运杂费等 200 元，入库前的挑选整理费用 300 元，该批原材料的入账价值为（　　）。

A. 10 000 元　　B. 10 500 元

C. 11 700 元　　D. 12 200 元

13. 某企业材料采用计划成本计价，某日外购一批原材料，实际成本为 5 万元，该批原材料计划成本为 5.3 万元。“原材料”账户借方应记录的金额为（　　）万元。

A. 5.3　　B. 5

C. 0.3　　　　　　　　　　D. -0.3

14. 某工业企业采用计划成本进行原材料的核算。2010 年 1 月初结存原材料的计划成本为 100 000 元，本月收入原材料的计划成本为 200 000 元，本月发出材料的计划成本为 180 000 元，原材料成本差异的月初数为 2 000 元（超支），本月收入材料成本差异为 4 000 元（超支）。本月结存材料的实际成本为（　　）元。

A. 183 600　　　　　　　　B. 181 800

C. 122 400　　　　　　　　D. 117 600

15. 某企业为增值税小规模纳税人。本期从外购入材料一批，买价 20 000 元（不含税价），增值税 3 400 元，其他费用合计 800 元。则该批材料的入账价值为（　　）元。

A. 20 000　　　　　　　　B. 20 800

C. 23 400　　　　　　　　D. 24 200

16. "制造费用"账户是专门用以归集和分配各（　　）范围内为产品生产和提供服务而发生的各项（　　）。

A. 车间/直接费用　　　　B. 全厂/间接费用

C. 全厂/直接费用　　　　D. 车间/间接费用

17. 甲企业接受乙公司投入旧设备一台，原价 12 万元，已提折旧 2 万元，该设备双方确认的价格为 9 万元，则企业应贷记实收资本（或股本）的金额为（　　）。

A. 12 万元　　　　　　　B. 9 万元

C. 10 万元　　　　　　　D. 7 万元

18. 下列内容中属于其他业务收入的是（　　）。

A. 存款利息收入　　　　B. 清理固定资产净收益

C. 委托代销商品收入　　D. 出售材料收入

19. 下列内容不属于企业营业外支出的是（　　）。

A. 非常损失　　　　　　B. 坏账损失

C. 处置固定资产净损失　D. 处置无形资产净损失

20. 下列各类（　）期末应转入本年利润账户。

A. 资产类账户　　B. 负债类账户

C. 成本类账户　　D. 损益类账户

21. 企业缴纳的下列税款中，不需要通过“应交税费”账户核算的是（　）。

A. 增值税　　B. 资源税

C. 消费税　　D. 印花税

22. 按我国《企业会计准则——收入》的规定，不能作为收入的是（　）。

A. 出租固定资产的租金收入

B. 出售固定资产的价款收入

C. 长期债券投资的利息收入

D. 出租包装物的租金收入

23. 企业在产品销售过程中所发生的费用是（　）。

A. 管理费用　　B. 制造费用

C. 销售费用　　D. 财务费用

24. 企业将一笔无法支付的应付账款 5 000 元转销时，应贷记（　）。

A. 应付账款　　B. 资本公积

C. 营业外收入　　D. 营业外支出

25. 下列不应计入营业利润的是（　）。

A. 管理费用　　B. 财务费用

C. 营业费用　　D. 营业外支出

26. 已知某企业商品销售利润 480 万元，管理费用 120 万元，财务费用 8 万元，营业费用 42 万元，营业外收入 12 万元，则营业利润是（　）。

A. 310 万元　　B. 350 万元

C. 322 万元　　D. 298 万元

27.“利润分配”的年末贷方余额表示（　）。

A. 已分配的利润额　　B. 累计未分配的利润额

C. 未弥补的亏损额　　D. 已实现的净利润

28. 某企业甲车间月初在产品成本为2 000元，本月耗用材料20 000元，生产工人工资及福利费4 000元，甲车间管理人员工资及福利费2 000元，甲车间水电等费用2 000元，月末在产品成本为2 000元，厂部预付下半年保险费600元（含本月）。甲车间本月完工产品生产成本总额为（　　）。

A. 28 000元　　B. 29 000元

C. 26 800元　　D. 26 900元

29. 某企业收到客户交来的包装物押金（转账支票）500元，账务处理为（　　）。

A. 借：银行存款　　500
　　贷：包装物　　500

B. 借：银行存款　　500
　　贷：应付账款　　500

C. 借：库存现金　　500
　　贷：其他业务收入　　500

D. 借：银行存款　　500
　　贷：其他应付款　　500

30. 购入需要安装的设备一台，取得的普通发票上注明价款20万元，设备运至企业进行安装，款项尚未支付，该业务应借记的会计科目为（　　）。

A. 工程物资　　B. 在建工程

C. 固定资产　　D. 应付账款

31. 结转本月发生材料成本共计30万元，其中A产品生产领用8万元，B产品生产领用15万元，车间共同耗用5万元，对外销售发生2万元，则对外销售的2万元应记入（　　）科目。

A. 其他业务收入　　B. 其他业务支出

C. 销售费用　　　　D. 管理费用

32. 结算本月应付工资如下：A 产品生产工人工资 2 万元，B 产品生产工人工资 6 万元，车间管理人员工资 4 万元，行政管理人员工资 7 万元，该企业车间管理人员的工资费用应记入（　）科目。

A. 生产成本　　　　B. 制造费用

C. 管理费用　　　　D. 销售费用

33. 企业年初未分配利润为 200 万元，本年实现净利润 50 万元，按 10% 提取盈余公积，同时宣告发放现金股利 10 万元，则当期应计提的盈余公积为（　）。

A. 25 万元　　　　B. 20 万元

C. 5 万元　　　　D. 4 万元

34. 某公司发行股票 60 000 股，每股面值 1 元，每股发行价格 3 元，不考虑其他因素，该公司应计入股本的金额为（　）元。

A. 180 000　　　　B. 60 000

C. 120 000　　　　D. 240 000

35. 下列各项中，不在“营业税金及附加”科目核算的是（　）。

A. 城市维护建设税　　　　B. 资源税

C. 消费税　　　　D. 增值税

36. 某企业 2009 年实现营业收入 500 000 元，发生营业成本 220 000 元，营业税金及附加 120 000 元，财务费用 50 000 元，管理费用 25 000 元，销售费用 15 000 元，营业外收入 30 000 元，营业外支出 20 000 元，该企业 2009 年的利润总额应为（　）元。

A. 60 000　　　　B. 70 000

C. 80 000　　　　D. 90 000

37. 与计算营业利润有关的项目是（　）。

A. 管理费用　　　　　　B. 营业外收入

C. 所得税费用　　　　　D. 营业外支出

38. 企业购买一台无需安装的生产经营用设备，买价 100 万元，增值税 17 万元，运杂费 3 万元，款项以银行存款支付，该增值税准予抵扣，则固定资产的入账价值为（　　）万元。

A. 100　　　　　　B. 103

C. 117　　　　　　D. 120

39. 企业于本年 6 月 10 日从银行借入 60 000 元，期限 3 个月，月利率 0.5%。借款利息于每季度末支付一次，则企业在 9 月 10 日归还借款及利息时应编制如下会计分录（　　）。

A. 借：短期借款　　60 000
　　　　财务费用　　100
　　　　应付利息　　600
　　　贷：银行存款　　60 700

B. 借：短期借款　　60 000
　　　　财务费用　　300
　　　　应付利息　　600
　　　贷：银行存款　　60 900

C. 借：短期借款　　60 000
　　　　财务费用　　900
　　　贷：银行存款　　60 900

D. 借：短期借款　　60 000
　　　　财务费用　　700
　　　贷：银行存款　　60 700

40. 将账户的期末余额转入“本年利润”账户借方的是（　　）。

A. 资产类账户　　　　B. 负债类账户

C. 收入类账户　　　　D. 支出类账户

41. 某企业为一般纳税人，购入包装物一批，专用发票注明：买价 20 000 元，增值税 3 400 元。供货方代垫运杂费 800 元。验收入库时发现途中合理损耗 200 元，入库后发生整理费 800 元。则该批包装物的采购成本为（ ）。

A. 20 965 元　　B. 21 000 元

C. 20 800 元　　D. 21 565 元

42. 计算利润总额的正确计算公式是（ ）。

A. 主营业务利润 + 其他业务利润 − 销售费用 − 财务费用 − 管理费用

B. 主营业务利润 + 投资收益 − 管理费用 − 财务费用

C. 营业利润 − 销售费用 − 管理费用 − 财务费用

D. 营业利润 + 营业外收入 − 营业外支出

二、多项选择题

1. 构成材料采购成本的内容包括（ ）。

A. 材料买价

B. 运输途中的合理损耗

C. 入库前的挑选整理费用

D. 采购人员差旅费

2. 发生的下列费用中，应计入管理费用账户的是（ ）。

A. 生产产品领用的材料　　B. 生产工人的工资

C. 管理部门人员的工资　　D. 管理部门办公费

3. 企业的资本金按其投资主体的不同分为（ ）。

A. 国家资本　　B. 法人资本

C. 个人资本　　D. 外商资本

4. 下列关于“材料成本差异”账户论述正确的是（ ）。

A. 计算材料实际成本与计划成本的差异

B. 购入材料时超支记入借方

C. 购入材料时实际成本小于计划成本时记在贷方

D. 发出材料时超支记在贷方，节约记在借方

5. 产品在生产过程中发生的各项生产费用按其经济用途分类构成产品生产成本的成本项目，具体包括（　　）。

A. 直接材料费用　　B. 直接人工

C. 其他直接费用　　D. 制造费用

6. 下列各项中，能引起“盈余公积”科目出现借方发生额的有（　　）。

A. 盈余公积转增资本

B. 提取盈余公积

C. 盈余公积分配现金股利

D. 盈余公积补亏

7. 下列各项中，影响年末未分配利润数额的因素有（　　）。

A. 提取盈余公积　　B. 年初未分配利润

C. 净利润　　D. 盈余公积补亏

8. 收入是企业在日常活动中发生的经济利益的总流入。下列各项中，属于收入的有（　　）。

A. 销售材料收入　　B. 提供劳务收入

C. 出租固定资产收入　　D. 销售商品收入

9. 企业利润总额包括（　　）。

A. 营业利润

B. 投资收益

C. 营业外收入和营业外支出

D. 制造费用

10. 下列科目中，应于期末将余额结转本年利润科目的有（　　）。

A. 营业外支出　　B. 所得税费用

C. 制造费用　　D. 投资收益

11. 下列支出中属于营业外支出的有（　　）。

A. 非常损失　　B. 罚款支出

C. 固定资产盘亏净损失　　D. 投资损失

12. 下列各项最终应计入产品生产成本的有（　　）。

A. 生产工人工资及福利费

B. 企业管理人员工资及福利费

C. 离退休人员的退休金

D. 车间管理人员工资及福利费

13. 下列各项不能作为企业收入确认的有（　　）。

A. 提供工业性劳务收入

B. 企业代收的增值税

C. 旅行社代客户购买机票收取的票款

D. 企业代收的消费税

14. 某公司赊销积压的原材料一批，增值税专用发票上注明售价 20 000 元，增值税税额 3 400 元，下列会计分录中，错误的有（　　）。

A. 借：应收账款　　23 400

　贷：主营业务收入　　20 000

　　应交税费——应交增值税（销项税额）　　3 400

B. 借：银行存款　　23 400

　贷：主营业务收入　　20 000

　　应交税费——应交增值税（销项税额）　　3 400

C. 借：应收账款　　23 400

　贷：其他业务收入　　20 000

　　应交税费——应交增值税（销项税额）　　3 400

D. 借：应收账款　　23 400

　贷：其他业务收入　　23 400

15. 某企业 2009 年实现净利润 200 000 元，年初未弥补亏损为50 000元，另有其他转入20 000元，该企业2009年可供分配的利润不正确的有（　）元。

A. 200 000　　B. 170 000

C. 220 000　　D. 150 000

16. 甲公司于2010年2月18日向乙公司订购原材料100吨，货款为585 000元（含增值税85 000元），按合同规定甲公司当日向乙公司预付200 000元货款，2010年2月18日甲公司会计处理错误的有（　）。

A. 借：预付账款　200 000
　　贷：银行存款　200 000

B. 借：原材料　585 000
　　贷：应交税费——应交增值税（进项税额）　85 000
　　　　银行存款　585 000

C. 借：原材料　585 000
　　贷：银行存款　200 000
　　　　应付账款　385 000

D. 借：原材料　200 000
　　贷：银行存款　200 000

17. 按现行制度规定，以下各项应通过"其他应收款"科目核算的有（　）。

A. 应收的各种赔款

B. 应收的出租包装物租金

C. 存出保证金

D. 应向职工收取的各种垫付款项和备用金

18. 企业本年度应纳税所得额为100万元，按25%的所得税率计算，本年度应缴所得税为25万元，则该项经济业务涉及的账户有（　）。

A. 应交税费　　B. 营业税金及附加

C. 其他应付款　　D. 所得税费用

19. 某企业 2008 年相关收入及支出情况如下：

营业收入 600 000 元营业成本 350 000 元

销售费用 15 000 元管理费用 20 000 元

财务费用 18 000 元投资收益 50 000 元

营业外收入 35 000 元营业外支出 12 000 元

资产减值损失 25 000 元

下列关于该企业 2008 年的营业利润总额，错误的是（　）元。

A. 222 000　　B. 197 000

C. 247 000　　D. 245 000

20. 下列项目不计入产品成本，直接计入当期损益的是（　）。

A. 销售费用　　B. 管理费用

C. 财务费用　　D. 制造费用

三、判断题

1. 短期借款的利息计入“短期借款”账户。（　）

2. 材料采购过程中采购人员的差旅费应计入采购成本。（　）

3. 企业的原材料无论是按实际成本还是按计划成本核算，其最终计入生产成本的原材料均应为耗用材料的实际成本。（　）

4. 对于预收货款业务不多的企业，可以不单独设置“预收账款”账户，其发生的预收货款通过“应收账款”账户核算。（　）

5. 企业对外出售固定资产时所取得的出售收入应记入“其他业务收入”账户。（　）

6. 企业以当年实现的利润弥补以前年度结转的未弥补亏损时，不需要进行专门的账务处理。（　　）

7. 股票的发行价值可以等于票面金额，也可以高于票面金额，但不得低于票面金额。（　　）

8. 企业的资本公积和未分配利润也称为留存收益。（　　）

9. 存货按实际成本与按计划成本核算应设置相同的会计科目进行会计处理。（　　）

10. 预付账款不多的企业，可以不设“预付账款”科目而将预付账款并入“应付账款”科目进行核算。（　　）

11. 企业全部应交税金一律通过“应交税费”科目核算。（　　）

12. 小规模纳税企业购进材料时支付的增值税直接计入材料的成本。（　　）

13. 短期借款利息费用属于筹资费用，应记入“财务费用”科目。（　　）

14. 长期借款用于购建固定资产时，在固定资产尚未达到预定可使用状态前，所发生应当资本化的利息支出应当资本化，计入所购建的固定资产。（　　）

15. “本年利润”账户是指将收入与费用进行配比的账户，因此属于损益类账户。（　　）

16. 企业收到投资者投入的资金时，应全部记入“实收资本”或“股本”科目。（　　）

17. “利润分配——未分配利润”科目的年末借方余额，反映企业累积未弥补亏损的数额。（　　）

18. 主营业务收入、其他业务收入和营业外收入属于企业的收入。（　　）

四、综合题

习题一

目的：

练习企业筹集资金的核算。

兴大工厂 2010 年 6 月份发生下列经济业务：

1. 6 月 3 日，收到国家投入的货币资金 2 000 000 元，存入银行。

2. 6 月 5 日，收到东方公司向企业捐赠款 100 000 元，存入银行。

3. 6 月 6 日，从银行借入半年期的借款 50 000 元存入银行。

4. 6 月 15 日，收到万大工厂以专利向企业的投资，评估价 50 000 元。

5. 6 月 20 日，收到腾飞工厂的投资，其中设备价值 80 000 元交付使用，材料作价 20 000 元验收入库。

6. 6 月 21 日，用银行存款归还已到期的期限为 3 个月的借款 40 000 元。

7. 6 月 30 日，经批准将资本公积 200 000 元转增注册资本。

8. 6 月 30 日，计算提取本月的短期借款利息 100 元。

9. 6 月 30 日，收到万化公司的投资款 1 000 000 元，存入银行。其中只允许 800 000 元作为资本金。

10. 企业委托证券公司对外发行股票 100 000 股，每股面值 1 元，发行价 4 元，按发行收入的 1% 支付给证券公司，款项收到存入银行。

要求：

根据上述经济业务编制会计分录。

习题二

目的：

练习固定资产购置业务的核算。

泰丰公司为一般纳税人，2010 年 10 月发生下列固定资产购置业务：

1. 企业购买不需安装的生产经营用机床一台，买价 100 000 元，增值税 17 000 元，运杂费 1 000 元，保险费 200 元，全部款项已用银行存款支付。

2. 企业购入需要安装的设备一台，买价 200 000 元，运杂费 800 元，款项未支付。

3. 企业对上述设备进行安装，领用原材料 1 000 元，原材料的进项税额为 170 元，用银行存款支付安装公司安装费 2 000 元。设备安装完毕，经验收合格交付使用。

4. 企业从银行借入长期借款 4 000 000 元自行建造厂房。

5. 建造厂房领用材料 2 000 000 元，原材料的进项税额为 34 000元。

6. 建造厂房人员工资为 50 000 元。

7. 企业接银行通知，借入长期借款的利息为 20 000 元。

8. 厂房建造完工，经验收合格交付使用。

要求：

根据以上经济业务编制会计分录。

习题三

目的：

练习供应过程的核算和材料按实际成本计价方法下采购成本的计算。

大兴工厂为一般纳税人，2010 年 3 月份发生下列经济业务：

1. 3月2日，从永太工厂购入A材料600千克，增值税专用发票上注明买价20 000元，增值税额3 400元；购入S材料400千克，增值税专用发票上注明买价40 000元，增值税额6 800元。共发生运杂费600元，所有款项已用银行存款支付，材料尚未到达（运杂费按材料重量分配）。

2. 3月7日，从永太工厂购入的A、S材料已到达并验收入库。

3. 3月8日，从欣欣工厂购入C材料200吨，增值税专用发票上注明买价10 000元，增值税额1 700元；购入D材料5 000千克，增值税专用发票上注明买价90 000元，增值税额15 300元。共发生运杂费1 000元，所有款项已用银行存款支付，材料已验收入库（运杂费按材料买价分配）。

4. 3月20日，从红光工厂购入F材料1 000吨，增值税专用发票上注明买价100 000元，增值税额17 000元，代垫运杂费500元，款项未付，材料尚未到达。

要求：

（1）根据以上经济业务分别计算购入的各种材料的采购成本和单位成本。

（2）根据以上经济业务和计算的采购成本编制会计分录。

习题四

目的：

练习材料按实际成本计价核算。

B企业为增值税一般纳税人，2010年7月份发生材料收发业务如下（均取得增值税专用发票）：

1. 3日，从A企业购入N材料400吨，货款5 000元，增值税率17%，运杂费等200元，款项通过银行支付，材料尚未到达。

2. 5 日，上述材料到达并验收入库。

3. 6 日，从大明工厂购入甲材料 500 千克，货款 6 000 元，增值税率 17%，货款未付，材料已验收入库。

4. 9 日，预付 D 企业乙材料款 10 000 元。

5. 10 日，从欣欣工厂购买丙材料 300 千克，货款 3 000 元，增值税率 17%，以支票支付，材料尚未到达。

6. 12 日，从欣欣工厂购买的丙材料验收入库，发现少 2 千克，属于途中合理损耗。

7. 24 日，收到 9 日向 D 企业购买乙材料 1 000 吨，货款 8 000元，增值税率 17%，材料已验收入库，余款退回。

8. 25 日，生产部门自制完成 S 材料一批，其实际成本为 6 000元，材料已验收入库。

9. 30 日，收到 A 企业发来乙材料 400 千克，结算凭证未到，估计价值 9 000 元，材料已验收入库。

10. 31 日，根据发料凭证汇总表，本月生产部门生产产品领用甲材料 2 400 元，乙材料 4 000 元；管理部门领用乙材料 500 元，车间一般耗用丙材料 300 元。

要求：

根据以上资料，编制会计分录。

习题五

目的：

练习材料成本差异率的计算和实际成本的确定。

红光工厂 2005 年 5 月 1 日库存材料的计划成本为100 000 元，实际成本为 110 000 元，本月收入材料的计划成本为 300 000元，实际成本为 270 000 元，本月发出材料的计划成本为100 000元。

要求：

（1）计算本月材料成本差异率；

（2）计算发出材料应负担的材料成本差异额；

（3）计算发出材料的实际成本；

（4）计算月末结存材料的计划成本；

（5）计算月末结存材料的实际成本。

习题六

目的：

练习材料按计划成本计价核算。

红光工厂为增值税一般纳税人，该企业采用计划成本进行原材料的核算，9月份发生下列经济业务：

1. 1日，原材料账面计划成本为100 000元，“材料成本差异率”的借方余额为1 000元。

2. 5日购买原材料一批，取得的增值税专用发票上注明的价款为50 000元，税额为8 500元，支付运杂费300元，款项已通过银行存款支付；材料已验收入库，该材料的计划成本为52 000元。

3. 11日，企业购入原材料，货款20 000元，增值税3 400元，市内运杂费200元，款项未付，材料已验收入库，该材料的计划成本为15 000元。

4. 15日，企业购买原材料，货款50 000元，增值税8 500元，保险费300元，材料尚未到达。

5. 17日，企业15日购买的材料到达，验收入库，计划成本为48 000元。

6. 20日，企业用银行存款预付购买材料款30 000元。

7. 22日，企业预付款购买的材料到达，货款20 000元，增值税3 400元，运杂费等300元。材料验收入库，计划成本为

25 000元。

8. 31 日，企业购买材料一批，材料已验收入库，但发票等结算凭证尚未到达，货款未付。月末按计划成本 40 000 元估价入账。

9. 本月领用原材料的计划成本为 40 000 元，其中：生产部门领用 30 000 元，车间管理部门领用 4 000 元，厂部管理部门领用 1 000 元，在建工程领用 5 000 元。

要求：

（1）编制有关业务的会计分录；

（2）计算分摊 9 月份的材料成本差异并编制相关的会计分录。

习题七

目的：

练习生产过程的核算。

红星工厂 2010 年 7 月份发生下列经济业务：

1. 1 日，生产 A 产品领用 B 材料 10 000 元，C 材料 20 000元。

2. 5 日，从银行提取现金 40 000 元准备发放工资。

3. 6 日，用现金 40 000 元发放工资。

4. 8 日，采购员王强出差预借差旅费 600 元，现金付讫。

5. 9 日，用银行存款 2 100 元支付第三季度的报刊费。

6. 10 日，用现金支付购买厂部管理部门办公用品 300 元，车间办公用品 400 元。

7. 12 日，采购员王强出差回来报销差旅费 800 元，不足部分补付现金。

8. 13 日，生产 A 产品领用 B 材料 50 000 元，C 材料40 000 元，生产车间领用 B 材料 1 000 元，厂部管理部分领用 C 材料

500 元。

9. 31 日，摊销应由本月负担的报刊费 700 元。

10. 31 日，分配本月职工工资。其中，生产 A 产品工人工资 30 000 元，车间管理部门人员工资 2 000 元，厂部管理部门人员工资 3 000 元，专设销售机构人员工资 4 000 元，在建工程人员工资 2 000 元。

11. 31 日，计提本月固定资产折旧费 2 000 元，其中车间 1 500元，管理部门 500 元。

12. 31 日，将本月发生的制造费用转入“生产账户”。

13. 31 日，本月生产的 A 产品 80 台全部完工，验收入库，结转成本。(假设没有期初期末在产品)。

要求：

编制有关经济业务的会计分录。

习题八

目的：

练习产品生产成本业务的核算及生产成本的计算。

泰丰公司 2010 年 4 月有关资料如下：

期初在产品成本资料 单位：元

产品名称	直接材料	直接工资	其他直接支出	制造费用	合计
甲产品	10 000	2 000	280	500	12 780
乙产品	5 000	1 000	140	400	6 540
合计	15 000	3 000	420	900	19 320

本月发生的经济业务如下：

1. 材料发生汇总表如下：

甲产品领用 A 材料 50 000 元，B 材料 30 000 元；

乙产品领用 A 材料 30 000 元，B 材料 5 000 元；

车间一般耗用 A 材料 1 000 元，B 材料 500 元；

厂部管理部门耗用 A 材料 500 元。

2. 本月工资分配表如下：

甲产品生产工人工资 8 000 元；

乙产品生产工人工资 5 000 元；

车间管理人员工资 2 000 元；

厂部管理人员工资 1 000 元。

3. 用现金购买车间办公用品 500 元，厂部办公用品 200 元。

4. 计提本月固定资产折旧费 1 000 元，其中车间 800 元，管理部门 200 元。

5. 摊销应由本月负担的车间房屋租金 400 元。

6. 将本月发生的制造费用按生产工人的工资比例分配计入甲、乙产品成本。

7. 本月生产的甲产品 100 件其中 80 件完工入库，月末在产品 20 件，在产品成本按单位定额成本 50 元计算，其中直接材料 35 元，直接人工 10 元，其他直接支出 2 元，制造费用 3 元。生产乙产品 50 件全部完工入库。

要求：

（1）编制有关业务的会计分录；

（2）计算甲、乙产品的完工产品的成本和期末在产品的成本以及单位成本。

习题九

目的：

练习销售过程的核算。

泰丰公司为一般纳税人，2010 年 12 月发生下列经济业务：

1. 5 日，销售 A 产品给远大工厂 100 件，单位售价 200 元，价款20 000元，增值税销项税额3 400元，款项未收到。

2. 10日，用银行存款支付广告费3 000元。

3. 13日，销售给长红光公司B产品50台，单位售价800元，价款40 000元，增值税销项税额6 800元，款项收到存入银行。B产品的生产成本为35 000元。

4. 20日，收到远大工厂前欠的货款23 900元，存入银行。

5. 22日，公司附属的车队对外提供运输劳务，取得运输收入20 000元，存入银行。

6. 31日，结转本月已销售A产品的生产成本13 000元。

7. 企业销售材料一批，售价10 000元，增值税1 200元，货款未收到。

8. 31日，按规定税率计算本月应交城市维护建设税350元和教育费附加150元。

9. 31日，用银行存款上交增值税5 000元，城市维护建设税350元和教育费附加150元。

要求：

根据以上资料编制会计分录。

习题十

目的：

练习财务成果形成及分配业务的核算。

万大股份有限公司为一般纳税人，2010年3月份发生下列经济业务：

1. 3日，收到风华公司分来的投资利润50 000元，存入银行。

2. 8日，将无法偿还的应付账款20 000元予以转账。

3. 10日，用银行存款向灾区捐款50 000元。

4. 15日，用银行存款3 000元支付罚款。

5. 企业赊销 A 产品，增值税专用发票注明价款200 000元，增值税为 34 000 元。

6. 19 日，支付产品广告费用 20 000 元。

7. 20 日，报销差旅费 1 000 元，付给现金。

8. 22 日，计算本月的短期借款利息 200 元。

9. 23 日，收到罚款收入 10 000 元存入银行。

10. 24 日，企业销售 B 产品，增值税专用发票注明价款100 000元，增值税为 17 000 元，货款收到并存入银行。

11. 25 日，企业销售材料，增值税专用发票注明价款5 000 元，增值税 850 元，该材料的成本为 3 000 元，款项未收到。

12. 31 日，结转产品的销售成本，其中 A 产品为120 000 元，B 产品为 60 000 元。

13. 31 日，计算本月城建税和教育费附加。

14. 31 日，结转损益类账户。

15. 31 日，根据本月利润总额计算当月应交所得税，所得税率为 25%。

16. 31 日，将“所得税费用”账户的发生额转入“本年利润”账户。

17. 31 日，将“本年利润”账户的余额转入“利润分配——未分配利润”账户。

18. 31 日，按税后利润的 10% 提取法定盈余公积金。

19. 31 日，将剩余利润的 30% 向投资者进行分配。

20. 31 日，将利润分配其他明细分类账户的余额转入“利润分配——未分配利润”账户。

要求：

（1）计算本月的营业利润和利润总额。

（2）计算所得税费用。

（3）计算净利润。

（4）编制上述业务的会计分录。

习题十一

目的：

练习企业经营过程综合经济业务的核算。

泰丰公司（一般纳税人，增值税率17%）2010 年 9 月份各总分类账户余额及有关账户明细资料如下：

“库存商品”账户余额 150 000 元，其中：

A 库存商品 4 000 件，每件 20 元，计 80 000 元；

B 库存商品 7 000 件，每件 10 元，计 70 000 元；

“应收账款”账户余额 3 000 元，系新华工厂欠款；

“应付账款”账户余额 1 000 元，系欠八一工厂款。

各账户余额如下表所示：

账户余额表 单位：元

账户名称	借方余额	账户名称	贷方余额
现金	1 500	短期借款	42 900
银行存款	139 000	应付账款	1 000
应收账款	3 000	其他应付款	300
原材料	125 000	应交税费	1 000
库存商品	150 000	应付利息	500
长期待摊费用	14 000	实收资本	1 000 000
固定资产	882 000	盈余公积	14 000
利润分配	326 800	未分配利润	427 600
合计	1 641 300	合计	1 641 300

本月份发生下列经济业务：

1. 仓库发出材料 40 000 元，其中，用于生产 A 产品21 900 元，B 产品 18 100 元。

2. 从银行提取现金 30 000 元备发工资。

3. 以现金支付职工工资 30 000 元。

4. 向光明公司购入甲材料 14 000 元，增值税税率为 17%，运杂费 1 000 元，所有款项以银行存款支付。材料已验收入库。

5. 向八一工厂购入乙材料 40 000 元，增值税税率为 17%，货款以商业呈兑汇票结算，材料已到达但尚未验收入库。

6. 以现金支付上述购入乙材料的搬运费 600 元，上述材料到达验收入库。

7. 计算本月职工工资 24 000 元，其中：A 产品生产工人工资 15 000 元；B 产品生产工人工资 10 000 元；车间管理人员工资3 000元；管理部门人员工资 1 000 元。

8. 按上述职工工资总额的 14% 计提职工福利费用。

9. 张三预借差旅费 2 000 元以现金支付。

10. 仓库发出材料 3 000 元，供车间一般耗用。

11. 收到新华工厂还来欠款 3 000 元，存入银行。

12. 企业取得罚款收入 5 000 元存入银行。

13. 企业出售材料一批，增值税专用发票注明价款 4 000 元，增值税 680 元，款项未收到。该材料的成本为 2 000 元。

14. 以银行存款支付上月应交税金 1 000 元。

15. 企业对外捐赠 5 000 元用银行存款支付。

16. 计提本月固定资产折旧 3 160 元，其中：车间 2 380 元，管理部门 780 元。

17. 摊销本月应负担的待摊费用 1 200 元。

18. 张三回来报销差旅费 1 800 元，结清原借款，并退回现金 200 元。

19. 将制造费用按生产工人工资比例分摊到 A、B 产品成本中。

20. 月末 A 产品已全部完成，共 2 000 件，B 产品完工1 800 件，在产品 200 件（每件成本为 10 元）。

21. 出售库存商品给新华工厂，其中A产品2 000件，每件售价40元，B产品4 000件，每件售价20元，共计售价160 000元，增值税税率为17%，货款尚未收到。

22. 结转上述出售库存商品成本，A产品每件20元，B产品每件10元，共计80 000元。

23. 用现金支付销售产品包装费、装卸费等销售费用1 100元。

24. 企业接受投资者投入专利一项，价值50 000元。

25. 企业购买不需安排的生产用设备一台，取得增值税专用发票，注明价款30 000元，增值税5 100元，款项用银行存款支付。

26. 计算本月短期借款利息500元。

27. 计算本月应交城市维护建设税和教育费附加。

28. 将9月份各损益类账户转至本年利润账户。

29. 将9月份利润总额的25%计算应交所得税，并将所得税费用转入本年利润账户。

30. 将“本年利润”账户转入“利润分配——未分配利润”账户。

31. 按9月份税后利润的10%提取法定盈余公积。

32. 将剩余利润的50%向投资者进行分配。

33. 将利润分配其他明细分类账户的余额转入“利润分配——未分配利润”账户。

要求：

（1）根据上述经济业务编制会计分录；

（2）开设“T”账户并进行登记；

（3）根据总分类账户编制综合试算平衡表。

第五章　会计凭证

一、单项选择题

1. 原始凭证是在经济业务（　　）时取得或填制的。
A. 填制记账凭证　　B. 发生或完成
C. 登记明细账　　D. 编制原始凭证汇总表

2. 下列不能作为入账依据的原始单据是（　　）。
A. 收料单　　B. 领料单
C. 购销合同　　D. 购货发票

3. 日常会计核算工作的起点是（　　）。
A. 填制会计凭证　　B. 财产清查
C. 设置会计科目　　D. 登记账户

4.（　　）是在经济业务发生时直接取得或填制的，用以记录经济业务发生和完成情况的最初书面证明。
A. 会计凭证　　B. 原始凭证
C. 转账凭证　　D. 记账凭证

5. 发出材料汇总表属于（　　）。
A. 累计原始凭证　　B. 自制原始凭证
C. 单式记账凭证　　D. 一次原始凭证

6. 下列属于外来原始凭证的是（　　）。
A. 入库单　　B. 出库单
C. 领料单　　D. 银行收账通知单

7. 下列原始凭证属于自制原始凭证的是（　　）。
A. 产品入库单　　B. 增值税专用发票
C. 银行对账单　　D. 职工出差取得的车船票

8. 企业将现金存入银行应编制（　　）。

A. 现金收款凭证　　B. 现金付款凭证

C. 银行收款凭证　　D. 银行付款凭证

9. 下列不是记账凭证的基本内容的是（　　）。

A. 记账标记　　B. 填制单位签章

C. 填制日期　　D. 凭证编号

10. 以银行存款偿还欠款应编制（　　）。

A. 收款凭证　　B. 转账凭证

C. 付款凭证　　D. 原始凭证

11. 下列业务应编制转账凭证的是（　　）。

A. 支付材料价款　　B. 支付购买固定资产价款

C. 生产产品领用材料　　D. 收回欠款

12. 会计人员对不真实、不合法的原始凭证应（　　）。

A. 不予受理　　B. 予以退回

C. 更正补充　　D. 无权自行处理

13. 将会计凭证分为原始凭证和记账凭证的依据是（　　）。

A. 取得来源　　B. 反映的经济内容

C. 填制时间　　D. 填制的程序和用途

14. 下列记账凭证中可以不附原始凭证的是（　　）。

A. 所有转账凭证　　B. 所有收款凭证

C. 所有付款凭证　　D. 用于结账的记账凭证

15. 下列会计凭证中，只需要反映价值量的是（　　）。

A. 材料入库单　　B. 账存实存对比表

C. 工资费用分配表　　D. 限额领料单

16. 下列内容中，不属于记账凭证审核内容的是（　　）。

A. 凭证是否符合有关的计划和预算

B. 会计科目使用是否正确

C. 凭证的金额与所附原始凭证的金额是否一致

D. 凭证的内容与所附原始凭证的内容是否一致

17. 下列单据中，属于原始凭证并能据以调整账面记录的是（　　）。

A. 现金盘点报告表　　B. 银行存款余额调节表

C. 往来款项对账单　　D. 往来款项清查表

18. 人员在审核原始凭证过程中，对于手续不完备的原始凭证，按规定应（　　）。

A. 扣留原始凭证

B. 拒绝执行

C. 向上级机关反映

D. 退回出具单位，要求补办手续

19. 原始凭证不得涂改、刮擦等。对于金额有错误的原始凭证，正确的处理方法是（　　）。

A. 由出具单位重开

B. 由出具单位在凭证上更正并由出具单位负责人签名

C. 由出具单位在凭证上更正并由经办人签名

D. 由出具单位在凭证上更正并加盖出具单位印章

20. 对各项财产物资的盘点结果编制并据以调整账面记录的原始凭证是（　　）。

A. 入库单　　B. 出库单

C. 领料单　　D. 账存实存对比表

21. 下列各项中，不属于原始凭证要素的是（　　）。

A. 经济业务发生日期　　B. 经济业务内容

C. 会计人员记账标记　　D. 原始凭证附件

22. 下列原始凭证中，属于累计凭证的是（　　）。

A. 收料单　　B. 发货票

C. 领料单　　D. 限额领料单

23. 下列各项不属于原始凭证审核内容的是（　　）。

A. 原始凭证是否真实　　B. 原始凭证是否合法

C. 原始凭证的合理性　　D. 会计科目的正确性

24. 记账凭证按其记录的经济业务是否与现金、银行存款收付有关分为（　　）。

A. 分录记账凭证和汇总记账凭证

B. 收款凭证、付款凭证和转账凭证

C. 现金凭证、银行凭证和转账凭证

D. 复式凭证和单式凭证

25. 记账凭证分为复式记账凭证和单式记账凭证的依据是（　　）。

A. 按凭证取得的来源

B. 按凭证填制的方式

C. 按凭证填制的程序和用途

D. 按凭证所记录经济业务的内容

26. 会计凭证传递是指（　　）在有关部门和人员之间按规定的时间和顺序办理的传送手续。

A. 会计凭证从取得到编制完成过程中

B. 从取得到登记账簿完成过程中

C. 会计凭证的填制到归档保管过程中

D. 从填制会计凭证到编制完成报表过程中

27. 管理部门当月购进办公用品若干，经办人员不慎将原始发票遗失，你作为会计人员应（　　）。

A. 不予办理报销手续

B. 在其取得原供货单位注明原始凭证的号码、金额、内容并加盖公章的证明后，由本单位会计机构负责人会计主管人员和单位负责人批准后，给予报销

C. 由当事人写明详细情况，相关人员证明后，给予报销

D. 责成经办人员取得原供货单位加盖公章的证明并经会计主管人员审查属实后，给予报销

28. 某企业根据一张发料凭证汇总表编制记账凭证，由于涉

及项目较多，需填制两张记账凭证，则记账凭证编号为（　　）。

A. 付字第××1/2 号和付字第××2/2 号

B. 收字第××号

C. 转字第××1/2 号和转字第××2/2 号

D. 转字第××号

29.（　　）是指对全部业务不再区分收款、付款及转账业务，而将所有经济业务统一编号，在同一格式的凭证中进行记录。

A. 单式凭证　　B. 复式凭证

C. 通用记账凭证　　D. 原始凭证

30. 原始凭证和记账凭证的保管期限为（　　）。

A. 10 年　　B. 15 年

C. 20 年　　D. 永久

31. 为保证会计账簿记录的正确性，会计人员编制记账凭证时必须依据（　　）。

A. 金额计算正确的原始凭证

B. 填写齐全的原始凭证

C. 审核无误的原始凭证

D. 记录正确的原始凭证

32. 单据是（　　）。

A. 记账凭证　　B. 发票

C. 记账凭单　　D. 原始凭证

二、多项选择题

1 会计凭证按填制程序和用途可以分为（　　）。

A. 原始凭证　　B. 记账凭证

C. 汇总原始凭证　　D. 汇总记账凭证

2. 下列科目中可能成为付款凭证借方科目的是（　　）。

A. 应收账款　　B. 库存现金

C. 银行存款　　D. 管理费用

3. 下列凭证中属于原始凭证的有（　　）。

A. 收款收据　　B. 购货发票

C. 计划任务书　　D. 银行存款余额调节表

4. 专用记账凭证分为（　　）。

A. 收款凭证　　B. 冲销凭证

C. 付款凭证　　D. 转账凭证

5. 收款凭证左上角的主体科目是（　　）。

A. 库存现金　　B. 应付账款

C. 应收账款　　D. 银行存款

6. 下列各项中，属于收付款业务原始凭证的有（　　）。

A. 入库单　　B. 领料单

C. 出差借款单　　D. 现金支票

7. 下列会计凭证中，属于自制原始凭证的有（　　）。

A. 差旅费报销单　　B. 材料入库单

C. 印花税票　　D. 现金盘点报告表

8. 企业购入材料一批，货款支付，材料入库，则应编制的全部会计凭证有（　　）。

A. 收款凭证　　B. 付款凭证

C. 转账凭证　　D. 收料单

9. 不属于对外来原始凭证进行合理性审核的内容包括（　　）。

A. 经济业务的内容是否真实

B. 填制的凭证日期是否完整

C. 是否有贪污腐化行为

D. 是否采用了正确的方法进行更正错误

10. 影响会计凭证传递的因素有（　　）。

A. 取得会计凭证的时间　　B. 内部机构设置

C. 人员分工情况　　D. 规定的保管期限

11. 下列经济业务应该编制转账凭证的是（　）。

A. 生产产品领用材料

B. 产品加工完毕，验收入库

C. 购入设备一台，款项未付

D. 以银行存款预付保险费

12. 下列各项中，属于记账凭证审核内容的有（　）。

A. 金额是否正确　　B. 项目是否齐全

C. 科目是否正确　　D. 书写是否正确

13. 会计凭证的意义是（　）。

A. 记录经济业务，提供记账依据

B. 明确经济责任，强化内部控制

C. 监督经济活动，控制经济运行

D. 汇总业务数据，编制会计报表

14. 涉及现金与银行存款相互划转的业务应编制的记账凭证有（　）。

A. 现金收款凭证　　B. 现金付款凭证

C. 银行收款凭证　　D. 银行付款凭证

15. 下列属于汇总原始凭证的有（　）。

A. 差旅费报销单　　B. 工资汇总表

C. 限额领料单　　D. 制造费用汇总表

16. 记账凭证填制的依据有（　）。

A. 付款凭证　　B. 收款凭证

C. 原始凭证　　D. 原始凭证汇总表

17. 以下各项中，属于原始凭证所必须具备的基本内容有（　）。

A. 凭证名称、填制日期和编号

B. 经济业务内容摘要

C. 对应的记账凭证号数

D. 填制、经办人员的签字、盖章

18. 对原始凭证审核的内容包括（　　）。

A. 审核真实性　　B. 审核合理性

C. 审核及时性　　D. 审核完整性

19. 下列属于具有法律效力的原始凭证是（　）。

A. 银行收付款通知单　　B. 开工单

C. 生产通知单　　D. 限额领料单

20. 填制记账凭证，下列做法正确的是（　　）。

A. 根据每张原始凭证填制

B. 根据若干张同类原始凭证汇总填制

C. 根据原始凭证汇总表填制

D. 将不同内容和类别的原始凭证汇总填制

三、判断题

1. 企业将现金存入银行或从银行提取现金，为了避免重复记账一般只编制收款凭证，不编制付款凭证。（　　）

2. 由于自制原始凭证的名称、用途不同，其内容、格式也不相同，因而不需要对其真实性、完整性和合法性进行审核。（　　）

3. 出纳人员在办理收付款业务后，应在记账凭证上加盖“收讫”、“付讫”的戳记，以避免重收或重付。（　　）

4. 会计凭证必须由会计人员填制。（　　）

5. 记账凭证应该根据审核无误的原始凭证填制。（　　）

6. 记账凭证上的日期应按所附原始凭证的日期填写。（　　）

7. 各种记账凭证可以根据每一原始凭证单独填制，但不能将若干张同类的原始凭证汇总填制。（　　）

8. 会计凭证保管的期限一般为10年。（　　）

9. 属于货币资金收入的业务，都应填制收款凭证。（　　）

10. 制造费用分配表属于记账凭证。（　）

11. 收款凭证可分为现金收款凭证和银行存款收款凭证。（　）

12. 每张记账凭证的后面至少要附有一张原始凭证。（　）

13. 如果原始凭证金额有误的，应当由出具单位重开，不得在原始凭证上更正。（　）

14. 记账凭证是登记总账的依据，原始凭证是登记明细账的原始依据。（　）

15. 原始凭证所有大写金额到元、角或分为止的，后面要写“整”或“正”字。（　）

16. 记账凭证又称单据，是指在经济业务发生或完成时取得或填制的，用以记录或证明经济业务的发生或完成情况，明确经济责任的凭据。（　）

17. 任何会计凭证都必须经过有关人员的严格审核，确认无误后，才能作为记账的依据。（　）

18. 原始凭证上面可以不需写明填制日期和接受凭证的单位名称。（　）

19. 会计部门应于记账之后，定期对各种会计凭证进行分类整理，并将各种记账凭证按编号顺序排列，连同所附的原始凭证一起加具封面，装订成册。（　）

20. 对于真实、合法、合理但内容不够完整的、填写有错误的原始凭证，会计机构和会计人员不予以受理。（　）

四、简答题

1. 什么是会计凭证？会计凭证怎样分类？
2. 原始凭证的定义及内容是什么？怎样审核原始凭证？
3. 记账凭证的定义及内容是什么？怎样审核记账凭证？

五、综合题

习题一

目的：

掌握收付款凭证的填制方法。

泰丰公司2010年1月份发生下列经济业务：

1. 3日，开出支票一张，支付前欠光明工厂货款30 000元。

2. 10日，从银行提取现金6 000元备用。

3. 12日，销售A产品，价款20 000元，增值税3 400元，货款全部收到已存入银行。

4. 15日，以现金400元购买厂部用打印纸。

5. 20日，收到富强公司前欠的货款20 000元，存入银行。

要求：

（1）根据上述经济业务编制相应的会计分录。

（2）填制收款凭证和付款凭证。

收款凭证 1

借方科目：　　　　年　月　日　　　　字第　号

贷方会计科目	子目、明目	摘　要	金额										过讫
			千	百	十	万	千	百	十	元	角	分	
附件　张		合计											

会计主管　　　　记账　　　　审核

收款凭证2

借方科目： 年 月 日 字第 号

贷方会计科目	子目、明目	摘 要	金额										过讫
			千	百	十	万	千	百	十	元	角	分	
附件 张		合计											

会计主管 记账 审核

付款凭证1

贷方科目： 年 月 日 字第 号

借方会计科目	子目、明目	摘 要	金额										过讫
			千	百	十	万	千	百	十	元	角	分	
附件 张		合计											

会计主管 记账 审核

付款凭证2

贷方科目： 年 月 日 字第 号

借方会计科目	子目、明目	摘 要	金额										过讫
			千	百	十	万	千	百	十	元	角	分	
附件 张		合计											

会计主管 记账 审核

付款凭证 3

贷方科目：　　　　年　月　日　　　　字第　号

<table>
<tr><td rowspan="2">借方会计科目</td><td rowspan="2">子目、明目</td><td rowspan="2">摘　要</td><td colspan="10">金额</td><td rowspan="2">过讫</td></tr>
<tr><td>千</td><td>百</td><td>十</td><td>万</td><td>千</td><td>百</td><td>十</td><td>元</td><td>角</td><td>分</td></tr>
<tr><td></td><td></td><td></td><td></td><td></td><td></td><td></td><td></td><td></td><td></td><td></td><td></td><td></td><td></td></tr>
<tr><td></td><td></td><td></td><td></td><td></td><td></td><td></td><td></td><td></td><td></td><td></td><td></td><td></td><td></td></tr>
<tr><td></td><td></td><td></td><td></td><td></td><td></td><td></td><td></td><td></td><td></td><td></td><td></td><td></td><td></td></tr>
<tr><td></td><td></td><td></td><td></td><td></td><td></td><td></td><td></td><td></td><td></td><td></td><td></td><td></td><td></td></tr>
<tr><td colspan="2">附件　　张</td><td>合计</td><td></td><td></td><td></td><td></td><td></td><td></td><td></td><td></td><td></td><td></td><td></td></tr>
</table>

会计主管　　　　记账　　　　审核

习题二

目的：

练习转账凭证的填制方法。

泰丰公司 2010 年 8 月份发生下列经济业务：

1. 10 日，收到甲公司投入的设备一台，双方协议价为 50 000元。

2. 15 日，生产 A 产品领用 B 材料 2 000 元，D 材料 4 000元。

3. 18 日，王刚出差回来报销差旅费 800 元。

4. 22 日，销售 B 产品，价款 20 000 元，增值税34 000元，收到商业承兑汇票一张。

5. 30 日，摊销应由本月负担的报刊费 200 元。

6. 30 日，分配本月应付职工工资 60 000 元。其中：甲产品生产工人工资 10 000 元，乙产品生产工人工资 20 000 元，车间管理人员工资 3 000 元，厂部管理人员工资 2 000 元。

要求：

（1）根据上述经济业务编制相应的会计分录。

（2）填制转账凭证。

转账凭证 1

年 月 日 字第 号

摘 要	总账科目	明细科目	金额		过账
			借方	贷方	
附件 张	合计				

会计主管 审核 出纳 制证

转账凭证 2

年 月 日 字第 号

摘 要	总账科目	明细科目	金额		过账
			借方	贷方	
附件 张	合计				

会计主管 审核 出纳 制证

转账凭证 3

年 月 日 字第 号

摘 要	总账科目	明细科目	金额		过账
			借方	贷方	
附件 张	合计				

会计主管 审核 出纳 制证

转账凭证 4

年 月 日 字第 号

摘 要	总账科目	明细科目	金额		过账
			借方	贷方	
附件 张	合计				

会计主管 审核 出纳 制证

转账凭证5

年 月 日 字第 号

摘 要	总账科目	明细科目	金额		过账
			借方	贷方	
附件 张	合计				

会计主管 审核 出纳 制证

转账凭证6

年 月 日 字第 号

摘 要	总账科目	明细科目	金额		过账
			借方	贷方	
附件 张	合计				

会计主管 审核 出纳 制证

习题三

目的：

练习通用记账凭证的编制。

泰丰公司2010年2月份发生下列经济业务：

1. 7月3日，销售给五环工厂甲产品100件，单位售价400

元，增值税税率17%，款项已收。

2. 7月5日，用银行存款支付产品广告费1 500元。

3. 7月8日，销售给光明工厂乙产品200件，单位售价300元，增值税税率17%，款项尚未收到。

4. 7月10日，生产甲产品领用A材料20 000元，领用B材料10 000元。

5. 7月15日，李明出差回来报销差旅费800元，余款退回200元。

6. 7月20日，向银行借入三年期的借款200 000元，存入银行。

7. 7月21日，收光明工厂前欠的乙产品货款70 200元，存入银行。

8. 7月22日，企业向远大公司购买A材料10 000元，增值税1 700元，款项未付。

9. 7月23日，从银行提取现金20 000元。

10. 7月31日，计提本月折旧费用，其中：车间5 000元，管理部门1 000元。

11. 7月31日，计算本月职工工资，其中：生产甲产品工人工资20 000元，车间管理人员工资3 000元，厂部管理人员工资2 000元，销售部门人员工资2 000元，在建工程人员工资1 000元，福利部门人员工资2 000元。

12. 7月31日，结转本月销售甲产品900件的生产成本72 000元，乙产品300件的生产成本45 000元。

13. 7月31日，本月产品销售应交增值税22 100元，计算并提取本月应交的城市维护建设税和教育费附加。

14. 7月31日，用银行存款上交增值税22 100元，城建税1 547元及教育费附加663元。

要求：

(1) 根据上述经济业务编制相应的会计分录。

（2）填制通用记账凭证。

记账凭证 1

年 月 日 字第 号

摘 要	总账科目	明细科目	过账		过账
			借方	贷方	
附件 张	合计				

会计主管 审核 出纳 制证

记账凭证 2

年 月 日 字第 号

摘 要	总账科目	明细科目	过账		过账
			借方	贷方	
附件 张	合计				

会计主管 审核 出纳 制证

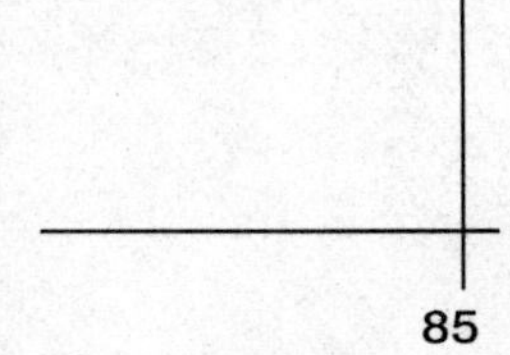

记账凭证 3

年　月　日　　　　　　字第　号

摘　要	总账科目	明细科目	过账		过账
			借方	贷方	
附件　张	合计				

会计主管　　　审核　　　出纳　　　制证

记账凭证 4

年　月　日　　　　　　字第　号

摘　要	总账科目	明细科目	过账		过账
			借方	贷方	
附件　张	合计				

会计主管　　　审核　　　出纳　　　制证

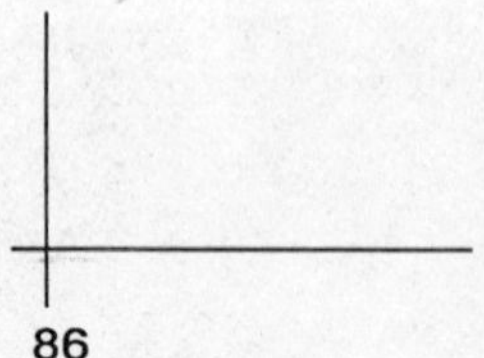

记账凭证 5

年　月　日　　　　　　字第　号

<table>
<tr><td rowspan="2">摘　要</td><td rowspan="2">总账科目</td><td rowspan="2">明细科目</td><td colspan="2">过账</td><td rowspan="2">过账</td></tr>
<tr><td>借方</td><td>贷方</td></tr>
<tr><td></td><td></td><td></td><td></td><td></td><td></td></tr>
<tr><td></td><td></td><td></td><td></td><td></td><td></td></tr>
<tr><td></td><td></td><td></td><td></td><td></td><td></td></tr>
<tr><td></td><td></td><td></td><td></td><td></td><td></td></tr>
<tr><td></td><td></td><td></td><td></td><td></td><td></td></tr>
<tr><td>附件　　张</td><td>合计</td><td></td><td></td><td></td><td></td></tr>
</table>

会计主管　　　　审核　　　　出纳　　　　制证

记账凭证 6

年　月　日　　　　　　字第　号

<table>
<tr><td rowspan="2">摘　要</td><td rowspan="2">总账科目</td><td rowspan="2">明细科目</td><td colspan="2">过账</td><td rowspan="2">过账</td></tr>
<tr><td>借方</td><td>贷方</td></tr>
<tr><td></td><td></td><td></td><td></td><td></td><td></td></tr>
<tr><td></td><td></td><td></td><td></td><td></td><td></td></tr>
<tr><td></td><td></td><td></td><td></td><td></td><td></td></tr>
<tr><td></td><td></td><td></td><td></td><td></td><td></td></tr>
<tr><td></td><td></td><td></td><td></td><td></td><td></td></tr>
<tr><td>附件　　张</td><td>合计</td><td></td><td></td><td></td><td></td></tr>
</table>

会计主管　　　　审核　　　　出纳　　　　制证

记账凭证 7

年　月　日　　　　字第　号

摘　要	总账科目	明细科目	过账		过账
			借方	贷方	
附件　张	合计				

会计主管　　审核　　出纳　　制证

记账凭证 8

年　月　日　　　　字第　号

摘　要	总账科目	明细科目	过账		过账
			借方	贷方	
附件　张	合计				

会计主管　　审核　　出纳　　制证

记账凭证 9

年 月 日 字第 号

摘 要	总账科目	明细科目	过账		过账
			借方	贷方	
附件 张	合计				

会计主管 审核 出纳 制证

记账凭证 10

年 月 日 字第 号

摘 要	总账科目	明细科目	过账		过账
			借方	贷方	
附件 张	合计				

会计主管 审核 出纳 制证

记账凭证 11

年 月 日 字第 号

摘 要	总账科目	明细科目	过账		过账
			借方	贷方	
附件 张	合计				

会计主管 审核 出纳 制证

记账凭证 12

年 月 日 字第 号

摘 要	总账科目	明细科目	过账		过账
			借方	贷方	
附件 张	合计				

会计主管 审核 出纳 制证

记账凭证 13

年 月 日 字第 号

摘要	总账科目	明细科目	过账		过账
			借方	贷方	
附件 张	合计				

会计主管 审核 出纳 制证

记账凭证 14

年 月 日 字第 号

摘要	总账科目	明细科目	过账		过账
			借方	贷方	
附件 张	合计				

会计主管 审核 出纳 制证

记账凭证 15

年　月　日　　　　　字第　号

摘　要	总账科目	明细科目	过账		过账
			借方	贷方	
附件　　张	合计				

会计主管　　　　审核　　　　出纳　　　　制证

六、案例分析

1. 甲公司在 2009 年 8 月向 A 公司购买办公用品，货款已用银行存款支付，取得发票如下，在对发票进行审核时发现错误，请按照要求回答问题及进行处理。

要求：

（1）指出该发票的不正确之处。

（2）本公司对该发票应如何处理？

××商品销售统一发票（普通发票）00008128062

发票联 NO：10123335

顾客名称　　　　　　　　　　　　　年　月　日填发

品名规格	单位	数量	单价	金额							备注
				万	千	百	十	元	角	分	
A3 复印纸	本	50	40		2	0	0	0	0	0	
A4 复印纸	本	150	30		4	5	0	0	0	0	

表(续)

品名规格	单位	数量	单价	金额							备注
				万	千	百	十	元	角	分	
订书机	个	10	11			1	1	0	0	0	
计算机	台	25	80		2	0	0	0	0	0	
合计（人民币大写）	捌仟壹佰陆拾元零角零分整				8	6	1	0	0	0	
说明											

单位（盖章）　　　　　　　　　　　　　开票人：

第六章 账簿

一、单项选择题

1. 库存现金和银行存款日记账应采用（　　）。

A. 卡片式账簿　　B. 活页式账簿

C. 订本式账簿　　D. 备查簿

2. 关于现金日记账，以下各项表述中不正确的是（　　）。

A. 由出纳人员负责登记

B. 按时间顺序逐日逐笔登记

C. 使用活页式账簿登记

D. 逐日结出现金余额，并与库存现金实存数检查核对

3. 以下不可以采用三栏式账页的是（　　）。

A. 原材料明细账　　B. 现金日记账

C. 总账　　D. 银行存款日记账

4. 以下账簿能提供某一类经济业务增减变化总括会计信息的是（　　）。

A. 记账凭证　　B. 明细分类账簿

C. 总分类备查簿　　D. 备查簿

5. 总分类账与特种日记账的外表形式采用（　　）。

A. 卡片式　　B. 订本式

C. 活页式　　D. 任意格式

6. 下列各类账簿可采用活页账的是（　　）。

A. 总分类账　　B. 明细分类账

C. 现金日记账　　D. 银行存款日记账

7. 在下列有关账项核对中，不属于账账核对的内容是

（ ）。

A. 银行存款日记账余额与银行对账单余额核对

B. 银行存款日记账余额与其总账余额核对

C. 总账账户借方发生额合计与其明细账借方发生额合计核对

D. 总账账户贷方余额合计与其明细账贷方余额合计核对

8. 生产成本明细账应该采用的格式是（ ）。

A. 多栏式 B. 任意格式

C. 数量金额式 D. 三栏式

9. 原材料明细账的格式一般采用（ ）。

A. 三栏式 B. 数量金额式

C. 订本式 D. 多栏式

10. 应收账款、应付账款、应交税金的明细核算一般采用（ ）。

A. 多栏式明细分类账

B. 数量金额式明细分类账

C. 三栏式明细分类账

D. 横线登记式明细分类账

11. 对临时租入的固定资产应登记在（ ）。

A. 总分类账簿 B. 序时账簿

C. 明细分类账簿 D. 备查簿

12. 登记会计账簿的依据是（ ）。

A. 会计报表 B. 购销合同

C. 会计分录 D. 会计凭证

13. 下列项目中，“连接会计凭证和会计报表的中间环节”指的是（ ）。

A. 复式记账 B. 设置会计科目和账户

C. 设置和登记账簿 D. 编制会计分录

14. 将现金送存银行，登记现金日记账的依据是（　　）。

A. 现金收款凭证　　B. 现金付款凭证

C. 银行存款收款凭证　　D. 银行存款付款凭证

15. 登记账簿时，正确的做法是（　　）。

A. 文字或数字的书写必须占满格

B. 书写可以使用蓝黑墨水、圆珠笔或铅笔

C. 用红字冲销错误记录

D. 发生的空行、空页一定要补充书写

16. 采用划线更正法，是因为（　　），导致账簿记录错误。

A. 记账凭证上会计科目或记账方向错误

B. 记账凭证正确，在记账时发生错误

C. 记账凭证上会计科目或记账方向正确，所记金额大于应记金额

D. 记账凭证上会计科目或记账方向正确，所记金额小于应记金额

17. 企业用现金支付职工报销的差旅费 1 850 元，会计人员在编制记账凭证时误将金额写成 1 580 元，并已经登记入账，对该笔记账错误应采用的更正方法是（　　）。

A. 直接修改错误的记账凭证

B. 红字更正法

C. 划线更正法

D. 补充登记法

18. 企业用银行存款预付 A 公司货款 50 000 元，会计人员编制的记账凭证为：借记“应付账款”50 000 元，贷记“银行存款”50 000 元，并已登记入账，该记账凭证（　　）。

A. 没有错误

B. 有错误，使用红字冲销法更正

C. 有错误，使用划线更正法更正

D. 有错误，使用补充登记法更正

19. 企业结账的时间应为（　　）。

A. 每项业务终了时　　B. 每一工作日终了时

C. 一定时期终了时　　D. 会计报表编制完成时

20. 年度结账时，除计算出本年四个季度的发生额合计数，记入第四季度季结的下一行，在摘要栏注明“本年累计”字样外，还应在该行下划（　　）红线。

A. 一道　　B. 双道

C. 三道　　D. 四道

21. 启用账簿时，不能在扉页上书写的是（　　）。

A. 单位名称　　B. 账簿名称

C. 账户名称　　D. 启用日期

22. 根据《会计档案管理办法》，各种明细账的保管期限为（　　）年。

A. 5　　B. 10

C. 15　　D. 25

23. 卡片账一般在进行（　　）时采用。

A. 无形资产总分类核算

B. 固定资产明细分类核算

C. 原材料总分类核算

D. 原材料明细分类核算

24. 登记账簿时，错误的做法是（　　）。

A. 文字和数字的书写占格距的1/2

B. 使用圆珠笔书写

C. 用红字冲销错误记录

D. 在发生的空页上注明“此页空白”

25. 某企业出纳对账时发现现金短少1 800元，在会计人员的帮助下用“除9法”很快查到了错账，你认为是下面的哪种情形呢？会计办完事回来，听说后马上跟我说：你很可能收现金时把 200 元写成 2 000 元了，再不就是（　　）。

A. 漏记了一笔 1 800 元的现金收入

B. 现金支出被记录现金收入 1 800 元

C. 付现金时把 2 000 元记成 200 元

D. 重复记录现金支出 1 800 元

二、多项选择题

1. 会计账簿按用途的不同可以分为（　　）。

A. 日记账　　B. 分类账簿

C. 备查簿　　D. 订本式账簿

E. 台账

2. 明细分类账的账页格式包括（　　）。

A. 三栏式　　B. 数量金额式

C. 任意格式　　D. 多栏式

E. 两栏式

3. 分类账按其提供核算指标的详细程度不同分为（　　）。

A. 日记账　　B. 总分类

C. 明细分类账　　D. 明细账

E. 备查登记簿

4. 会计账簿按外表形式分为（　　）。

A. 订本式　　B. 活页式

C. 数量金额式　　D. 卡片式

E. 定点归档保管

5. 必须采用订本式账簿的是（　　）。

A. 现金日记账　　B. 固定资产明细账

C. 银行存款日记账　　D. 管理费用总账

E. 库存商品明细账

6. 现金日记账的登记依据有（　　）。

A. 银行存款收款凭证　　B. 现金收款凭证

C. 现金付款凭证　　　　D. 银行存款付款凭证

E. 现金支票

7. 现金日记账和银行存款日记账（　　）。

A. 一般采用订本式账簿和三栏式账页

B. 由出纳人员登记

C. 根据审核后的收、付款记账凭证登记

D. 逐日逐笔序时登记

E. 可以由企业的固定资产会计核算人员登记

8. 下列各项中，属于正确的账簿登记规则的是（　　）。

A. 各种账簿必须连续登记，不能隔页、跳行

B. 摘要栏的文字应简明扼要，不能使用不规范的汉字

C. 登账时如果发现错误，可以直接进行涂改

D. 登账时可以随意使用红墨水

E. 数字部分登记错误可以只将错误的个别数字进行划线更正

9. 总分类账与明细分类账的平行登记要点，有（　　）。

A. 依据相同　　　　B. 期间相同

C. 金额相等　　　　D. 方向相同

E. 登记人相同

10. 在会计账簿登记中，可以用红色墨水记账的有（　　）。

A. 更正会计科目和金额同时错误的记账凭证

B. 登记减少数

C. 未印有余额方向的，在余额栏内登记相反方向数额

D. 更正会计科目正确但金额多记的记账凭证

E. 调整材料的计划成本

11. 下列明细账，可以采用数量金额式账簿的有（　　）。

A. 库存商品明细账　　　　B. 生产成本明细账

C. 应付账款明细账　　　　D. 原材料明细账

E. 实收资本明细账

12. 下列各项中，根据《企业会计制度》规定，应建立备查簿登记的有（　　）。

A. 库存现金　　B. 经营租入固定资产

C. 融资租入固定资产　　D. 已贴现的应收票据

E. 实际收到投资人投入资本

13. 可以采用三栏式账页进行账簿记录的有（　　）。

A. 库存现金日记账

B. 原材料总分类账

C. 应收账款明细分类账

D. 管理费用明细分类账

E. 临时租入固定资产备查账

14. 对账的内容包括（　　）。

A. 账证核对　　B. 账账核对

C. 账实核对　　D. 账表核对

E. 表表核对

15. 下列属于账实核对的内容有（　　）。

A. 现金日记账账面余额与现金总账账面余额是否相符

B. 银行存款日记账账面余额与银行对账单的余额是否相符

C. 各项财产物资明细账账面余额与财产物资实有数额是否相符

D. 债权债务明细账账面余额与对方单位的账面余额记录是否相符

E. 所有者权益明细账账面余额与投资单位的账面余额记录是否相符

16. 账账核对的主要内容有（　　）。

A. 总分类账簿记录的核对

B. 总分类账簿记录与所属明细分类账簿的核对

C. 总分类账簿与日记账账簿的核对

D. 会计部门的有关实物财产明细账与财产物资保管部门或使用部门明细账的核对

E. 明细账与备查账的核对

17. 更正错账的方法有（ ）。

A. 补充登记法　　B. 平行登记法

C. 划线更正法　　D. 红字更正法

E. 报表附注说明法

18. 红字更正法通常适用的情况是（ ）。

A. 记账后在当年内发现记账凭证所记的会计科目错误

B. 发现上一年度的记账凭证所记的会计科目错误

C. 记账后发现会计科目无误而所记金额大于应记金额

D. 记账后发现会计科目无误而所记金额小于应记金额

E. 根据原始凭证编制记账凭证时出现文字书写错误

19. 可使用补充登记法更正差错的有（ ）。

A. 在记账前发现记账凭证科目有误

B. 在记账前发现记账凭证金额错误

C. 记账后发现记账凭证所填金额大于应填金额

D. 记账后发现记账凭证中应借、应贷科目有漏记

E. 记账后发现记账凭证所填金额小于应填金额

20. 用划线更正法更正错误时（ ）。

A. 应用红笔划线，并将错误数字全部划销

B. 用蓝笔在错误数字上方写上正确数字

C. 用红笔在错误数字上方写上正确数字

D. 由更正人员在更正处盖章以示负责

E. 账簿登记错误应用红笔通栏划线

21. 借贷记账法下的试算平衡公式有（ ）。

A. 全部账户本期借方发生额合计 = 全部账户本期贷方发生额合计

B. 全部账户的借方期初余额合计 = 全部账户的贷方期初余额合计

C. 全部账户的借方期末余额合计 = 全部账户的贷方期末余额合计

D. 资产账户的借方期末余额合计 = 负债账户与所有者权益账户的贷方期末余额合计

E. 收入账户的贷方期末余额合计 = 费用账户与利润账户的贷方期末余额合计

22. 下列各项差错中，用试算平衡法难以查出的有（　　）。

A. 金额没错但借贷方向登记相反或对应账户的同方向串户

B. 借贷方向登记正确，借或贷一方的金额有错

C. 重复登记一笔业务

D. 漏登一笔业务

E. 对相互对应的账户都以大于或小于正确金额的数字进行记账

23. 下列关于结账方法的理解正确的有（　　）。

A. 对现金、银行存款日记账按日结账，对其他账户按月、季、年结账

B. 日结或月结时，应在该日、该月最后一笔经济业务下面划一条通栏单红线

C. 年结时，应在年结行下面划上通栏双红线，以示封账

D. 年度结账后，总账和日记账应当更换新账

E. 固定资产总账和明细账由于可以连续使用，不必每年更换

24. 年度结束时，对于账簿的保管应做到（　　）。

A. 装订成册　　B. 加上封面

C. 明确责任人　　D. 归档保管

E. 按期销毁

25. 下列账簿管保期限是 15 年的是（　　）。
A. 特种日记账　　B. 普通日记账
C. 固定资产总账　　D. 固定资产卡片账

三、判断题

1. 设置和登记账簿的意义是编制会计报表，是连接记账凭证与会计报表的中间环节，在会计核算中具有重要意义。（　　）

2. 账簿按其用途可以分为日记账、分类账和备查簿。（　　）

3. 总分类账与日记账一般采用订本式的三栏活页式账簿。（　　）

4. 总账采用三栏式账页，而明细账则根据其经济业务的特点采用不同格式的账页。（　　）

5. 各单位必须设置备查簿。（　　）

6. 所有的总账均应设置明细账。（　　）

7. 平行登记要求总账与其相应的明细账必须同一时间登记。（　　）

8. 总账只进行金额核算，提供价值指标，不提供实物指标；而明细账有的只提供价值指标，有的既提供价值指标，又提供实物指标。（　　）

9. 账簿中的序时账簿、分类账簿和备查簿都是编制报表的主要依据。（　　）

10. 现金日记账的借方是根据收款凭证登记的，贷方是根据付款凭证登记的。（　　）

11. 明细分类账一般是根据记账凭证直接登记，但个别明细分类账可以根据原始凭证登记。（　　）

12. 登记账簿不能使用铅笔书写，必须用钢笔或圆珠笔书写。（　　）

13. 在记账时，如果无意中发生隔页，除划红对角线注销，应加盖“此页空白”戳记外，还需要加盖一个记账人员的印章。（ ）

14. 在会计核算时，红笔一般只在划线、改错、冲账和表示负数金额时使用。（ ）

15. 在每个会计期间可以多次登记账簿，但通常情况下结账只能于期末进行一次。（ ）

16. 每一会计年度结束后，应将旧账簿进行整理，归档妥善保管。（ ）

17. 任何单位，对账工作每年至少进行一次。（ ）

18. 记账时，将借贷方向记错，不会影响借贷双方的平衡关系。（ ）

19. 编制试算平衡表时，也包括只有期初余额而没有本期发生额的账户。（ ）

20. 更换新账簿时，应将有余额的账户按其余额的借贷方，直接计入新账簿的借方或贷方栏之中，不需要编制记账凭证。（ ）

21. 更换新账簿时，如有余额，则在新账簿中的第一行摘要栏内注明“上年结转”。（ ）

22. 会计账簿暂由本单位财务会计部门保管 3 年，期满之后，由财务会计部门编造清册移交本单位的档案部门保管。（ ）

23. 会计账簿的更换通常在新会计年度建账时进行。总账、日记账和明细账应每年更换一次。备查账簿可以连续使用。（ ）

24. 各单位保存的会计档案不得借出。如有特殊需要，经本单位负责人批准，可以提供查阅或者复制，并办理登记手续。（ ）

25. 如果发现以前年度记账凭证中会计科目和金额有错误并

已导致账簿记录出现差错，也可以采用红字更正法予以更正。（ ）

26. 账簿中书写的文字和数字不要顶格书写，一般应占格距的2/3。（ ）

四、简述题

1. 账簿按照用途的不同可以分成几类？归纳每类账簿的主要作用或特质。

2. 账簿按照账页格式的不同可以分成几类？归纳每类账簿的主要作用或特质。

3. 简述账簿登记及书写的主要规则。

4. 错账更正的方法有哪些？各自的适用条件是什么？如何具体操作？

5. 结账的方法有哪些，每种方法是如何具体操作的？

五、业务题

习题一

目的：

练习现金和银行存款日记账的登记。

腾达2010年9月1日“库存现金”和“银行存款”的余额分别为5 000元和200 000元。该公司9月份发生下列经济业务：

1. 5日，用现金1 000元购买办公用品并发放，其中：生产车间共发放400元，公司行政职能部门600元。

2. 10日，销售产成品，价款30 000元，增值税5 100元，货款已经全部收到存入银行。

3. 12日，签发现金支票从银行提取现金3 000元以备零星开支所需。

4. 16 日，企业购买原材料，价款 40 000 元，增值税 6 800 元，款项用银行存款支付。

5. 22 日，总经办主任向景出差预借差旅费 1 000 元。

6. 28 日，公司收到客户前欠货款 80 000 元，存入银行。

要求：

（1）根据上述经济业务编制会计分录；

（2）登记现金日记账和银行存款日记账；

（3）进行 9 月份现金日记账和银行存款日记账的结账工作。

现金日记账

年		记账凭证		摘要	对方科目	借方	贷方	借或贷	余额	过账
月	日	字	号							

银行存款记账

年		记账凭证		摘要	对方科目	借方	贷方	借或贷	余额	过账
月	日	字	号							

习题二

目的：

练习三栏式总账的登记方法和月度结账工作。

腾达公司 2010 年 3 月份期初有关账户的余额如下：

账户名称	借方余额	账户名称	贷方余额
固定资产	850 000	实收资本	950 000
原材料	29 000	长期借款	100 000
生产成本	10 000	短期借款	80 000
库存现金	25 000	应付账款	10 000
库存现金	1 000	应交税费	5 000
银行存款	45 000	其他应付款	11 000
应收账款	16 200	本年利润	94 000
利润分配	63 800		
无形资产	10 000		
合计	1 050 000	合计	1 050 000

腾达公司 3 月份发生下列经济业务：

1. 2 日，用银行存款支付第二季度的短期借款利息1 200元。

2. 3 日，人力部主任赵伟出差，预借差旅费 1 500 元。

3. 4 日，收回客户前欠货款 11 700 元存入银行。

4. 5 日，领用材料，其中：生产产品领用材料 20 000 元，车间一般耗用 800 元。

5. 7 日，销售产品，售价 400 000 元，增值税 68 000 元，款项尚未收到。

6. 8 日，向银行借入半年期借款 50 000 元已经转入公司的银行户头。

7. 11 日，从银行提取现金 10 000 元以备零星开支以及科技奖励发放。

8. 11 日，用现金发放科技奖励 5 000 元。

9. 13 日，联营单位投入生产设备一台，评估价为50 000元。

10. 16 日，接到银行划款通知，已经将本月的工资报酬 115 000元划到各员工户头。

11. 31 日，计提本月固定资产折旧费用，其中：生产车间 2 000元，公司本部 1 200 元。

12. 31 日，结转本月发生的制造费用。

13. 31 日，本月产品完工入库 500 件，实际生产成本为 50 000元。

14. 31 日，结转本月已销售产品成本为 250 000 元。

15. 31 日，结转损益类账户。

16. 31 日，按 25% 计算本月应交所得税，并结转所得税。

17. 31 日，按税后利润的 10% 提取盈余公积。

18. 31 日，按剩余利润的 10% 向投资者分配利润。

要求：

（1）根据资料，开设三栏式总账并登记月初余额。

（2）根据上述经济业务编制记账凭证（以会计分录代替）。

（3）根据记账凭证登记各有关总账账户，并进行月结。

（4）编制“总分类账户本期发生额和余额表”。

现金总分类账

年		记账凭证		摘要	对应账户	借方	贷方	借或贷	余额
月	日	字	号						

银行存款总分类账

年		记账凭证		摘要	对应账户	借方	贷方	借或贷	余额
月	日	字	号						

应收账款总分类账

年		记账凭证		摘要	对应账户	借方	贷方	借或贷	余额
月	日	字	号						

原材料总分类账

年		记账凭证		摘要	对应账户	借方	贷方	借或贷	余额
月	日	字	号						

其他应收款总分类账

年		记账凭证		摘要	对应账户	借方	贷方	借或贷	余额
月	日	字	号						

库存商品总分类账

年		记账凭证		摘要	对应账户	借方	贷方	借或贷	余额
月	日	字	号						

固定资产总分类账

年		记账凭证		摘要	对应账户	借方	贷方	借或贷	余额
月	日	字	号						

累计折旧总分类账

年		记账凭证		摘要	对应账户	借方	贷方	借或贷	余额
月	日	字	号						

制造费用总分类账

年		记账凭证		摘要	对应账户	借方	贷方	借或贷	余额
月	日	字	号						

生产成本总分类账

年		记账凭证		摘要	对应账户	借方	贷方	借或贷	余额
月	日	字	号						

应付职工薪酬总分类账

年		记账凭证		摘要	对应账户	借方	贷方	借或贷	余额
月	日	字	号						

应付账款总分类账

年		记账凭证		摘要	对应账户	借方	贷方	借或贷	余额
月	日	字	号						

短期借款总分类账

年		记账凭证		摘要	对应账户	借方	贷方	借或贷	余额
月	日	字	号						

其他应付款总分类账

年		记账凭证		摘要	对应账户	借方	贷方	借或贷	余额
月	日	字	号						

长期借款总分类账

年		记账凭证		摘要	对应账户	借方	贷方	借或贷	余额
月	日	字	号						

应付利润总分类账

年		记账凭证		摘要	对应账户	借方	贷方	借或贷	余额
月	日	字	号						

实收资本总分类账

年		记账凭证		摘要	对应账户	借方	贷方	借或贷	余额
月	日	字	号						

盈余公积总分类账

年		记账凭证		摘要	对应账户	借方	贷方	借或贷	余额
月	日	字	号						

本年利润总分类账

年		记账凭证		摘要	对应账户	借方	贷方	借或贷	余额
月	日	字	号						

主营业务收入总分类账

年		记账凭证		摘要	对应账户	借方	贷方	借或贷	余额
月	日	字	号						

主营业务成本总分类账

年		记账凭证		摘要	对应账户	借方	贷方	借或贷	余额
月	日	字	号						

管理费用总分类账

年		记账凭证		摘要	对应账户	借方	贷方	借或贷	余额
月	日	字	号						

所得税费用总分类账

年		记账凭证		摘要	对应账户	借方	贷方	借或贷	余额
月	日	字	号						

利润分配总分类账

年		记账凭证		摘要	对应账户	借方	贷方	借或贷	余额
月	日	字	号						

习题三

目的：

掌握错账更正几类方法的适用条件判定，以及具体的更正处理。

M公司属于增值税一般纳税人。该公司的会计人员在期末结账前进行对账时发现了账务处理中存在如下错误：

1. 以银行存款归还短期借款10 000元和利息500元编制的会计分录为：

借：短期借款　　　　10 500

贷：银行存款 10 500

2. 以银行存款支付产品促销费用 80 000 元编制的会计分录为：

借：管理费用 100 000

贷：银行存款 100 000

3. 分摊本月应负担的报刊费 150 元编制的会计分录为：

借：管理费用 250

贷：其他应付款 250

4. 计提生产车间当期固定资产折旧 2 200 元编制的会计分录为：

借：制造费用 2 200

贷：累计折旧 2 200

在根据记账凭证登记账簿时，在“制造费用”和“累计折旧”中登记为 2 500 元。

5. 以现金支付办公室主任周华预支的差旅经费 5 000 元编制的会计分录为：

借：管理费用 5 000

贷：库存现金 5 000

6. 用银行存款支付前欠材料采购款 50 000 元编制的会计分录为：

借：应付账款 30 000

贷：银行存款 30 000

要求：

（1）判断上述各项错账应采用何种更正方法进行更正，说明理由。

（2）分别编制相应的错账更正会计分录。

六、案例分析

案例 1

H 化工有限公司有 50 余位员工，其下属企业有 600 余位员工。H 化工有限公司前身 H 化工厂，靠 2 000 元自筹资金起家，目前公司拥有流动资金 8 亿多元，在市内广设有 500 多处特约经销点。15 年来，在没有任何外界资金投入的情况下，完全凭自己艰苦奋斗，在市场经济的风浪中搏击，发展为“国家无投资，银行无贷款，原料无分配（渠道）”，而“产品无积压，企业无利息债”的“五无企业”。现在的 H 是一家拥有近 10 亿元自有资金的大型现代化涂料有限公司。

会计部门岗位设置如下表所示：

层级	业务	岗位	编制	主要工作职责
总公司	管理	财务部长	1 人	管理日常的会计工作，负责复核记账凭证，记银行日记账，编制对外财务报表
		管理会计	1 人	负责内部管理报表的编制
	销售	销售收款	2 人	记应收账款明细账兼记分类账
		市内应收账款	1 人	
		市外应收账款	1 人	记应收账款明细账兼记总账
	采购	材料采购	1 人	记原材料明细账
		应付账款	1 人	记应付账款明细账
	收支	现金出纳	1 人	负责现金报销，记现金日记账
	信息化	电算化	2 人	输入文档资料，打印，复印
		操作员	1 人	
		程序员	1 人	系统维护

表(续)

层级	业务	岗位	编制	主要工作职责
下属生产分厂	管理	财务科长	1人	负责成本核算及报告
	销售	北新泾地区销售收款	1人	收款并汇总至公司
	库管	包装材料	1人	记包装材料明细分类账
		原材料	1人	记原材料收、付、存明细分类账
	成本	成本核算	1人	每月产成品成本的核算
		生产统计	1人	记录生产中有关数据，以便成本核算
	信息化	电算化	2人	输入文档资料，打印，复印
		操作员	1人	
		程序员	1人	系统维护

分析要求：

该公司应该设置哪些账簿？各自的用途是什么？应采用什么格式？

该公司应当采用哪一种账务处理程序？其流程图是怎样的？

案例2

吴娜于2010年7月1日开始接替梁好在腾达公司的出纳岗位上工作，当时的财务经理是乔鑫，分管财务工作的公司副总经理是王东奎。2010年9月30日，根据公司的轮岗制度，吴娜接替材料会计岗的周密开始材料核算工作，接替吴娜的出纳工作的是段莉。以上轮岗人员都对各自的原工作做了他们认为必要的整理，并办理了交接手续。

其中吴娜的交接手续如下：

交接日期：2010年9月30日

具体业务移交：

1. 库存现金：9月30日账面余额5 800元，经清查盘点账实相符，日记账余额与总账相符。

2. 银行存款：银行存款日记账余额126 900元，经编制“银行存款余额调节表”核对相符。

3. 移交的会计凭证、账簿、文件：

（1）本年度现金日记账一本；

（2）本年度银行存款日记账二本；

（3）空白现金支票××张（××号至××号）；

（4）空白转账支票××张（××号至××号）；

（5）托收承付登记簿一本；

（6）付款委托书一本；

（7）电汇登记簿一本；

（8）金库暂存物品细表一份，与实物核对相符；

（9）银行对账单1~8月份8本，9月份未达账项说明一份；

4. 印鉴：

（1）腾达公司财务处转讫印章一枚；

（2）腾达公司财务处现金收讫印章一枚；

（3）腾达公司财务处现金付讫印章一枚。

办理完交接手续后现金日记账和材料明细账的扉页及相关账页资料如下：

账簿启用与经管人员一览表

<table>
<tr><td>单位名称</td><td colspan="4">腾达公司</td></tr>
<tr><td>账簿名称</td><td colspan="4">现金日记账</td></tr>
<tr><td>册次及起止页数</td><td colspan="4">自壹页起至壹百页止共壹百页</td></tr>
<tr><td>启用日期</td><td colspan="4">2010年1月1日</td></tr>
<tr><td>停用日期</td><td colspan="4">年 月 日</td></tr>
<tr><td>经管人员姓名</td><td>接管日期</td><td>交出日期</td><td>经管人员盖章</td><td>会计主管人员盖章</td></tr>
<tr><td>乔鑫</td><td>2010 年 7 月 1 日</td><td>2010 年 9 月 30 日</td><td>乔鑫、梁好</td><td>王东奎</td></tr>
<tr><td></td><td>年月日</td><td>年月日</td><td></td><td></td></tr>
<tr><td></td><td>年月日</td><td>年月日</td><td></td><td></td></tr>
<tr><td rowspan="2">备考</td><td rowspan="2" colspan="3"></td><td>单位公章</td></tr>
<tr><td>腾达公司财务专用章</td></tr>
</table>

账簿启用与经管人员一览表

单位名称	腾达公司			
账簿名称	原材料明细账			
册次及起止页数	自壹页起至　页止共　页			
启用日期	2010 年 1 月 1 日			
停用日期	年月日			
经管人员姓名	接管日期	交出日期	经管人员盖章	会计主管人员盖章
乔鑫	2010 年 7 月 1 日	2010 年 9 月 30 日	吴娜	王东奎
乔鑫	2010 年 9 月 30 日	年 月 日	段莉	王东奎
	年月日	年月日		
	年月日	年月日		
备考			单位公章 腾达公司财务专用章	

现金日记账

2010 年		凭证号	摘要	对方科目	借方	贷方	核对号	借或贷	余额
月	日								
7	1	略	期初余额						4 500
	2	略	零星销售	主营业务收入	10 000				14 500
	12	略	报差旅费	管理费用		3 000			11 500
	13	略	零星销售	主营业务收入	5 500				17 000
	13	略	付广告费	销售费用		8 000			9 000

分析要求：腾达公司在这次岗位轮换的工作交接中的相关做法是否正确？如果存在问题，请指出纠正办法。

案例 3

1. 1996 年，朱女士出资 25 万元成为某技术服务公司股东，并被选举为公司董事。在近10年的时间里，技术服务公司以经营亏损或持平为借口，不进行利润分配，朱女士作为公司股东，始终无法了解公司业务和财产状况。朱女士提出要求查阅公司1996—2006年的原始会计账簿，但遭公司拒绝。朱女士诉至法院。法院一审判决朱女士胜诉后，技术服务公司不服，以朱女士长期生活在国外，公司与其联系不上，其未参与过公司的经营活动，造成其不知道公司经营情况，是朱女士的责任为由上诉至北京二中院。

2. 海盐县某房产公司成立于1999年，成立之初，章某出资75万，占投资比例的15%成为该公司的一名股东。2001年6月，海盐县另一家房地产公司（以下简称A公司）与该房产公司签订合作开发协议书，约定吸纳A公司参股，并修改公司章程，确认A公司为股东，其出资额占30%。2001年8月，章某向公司提出股份转让报告，后房产公司股东大会也通过了章某股份转让的决议，但章某股份转让事宜却因故一直没有办理。2007年10月和11月，A公司与章某分别向房产公司发函，要求查阅被告财务会计账簿和相关资料。然而房产公司一直没有答复。2011年年初，A公司与章某共同将房产公司告上了法庭。

分析要求：根据会计相关法律规范和《中华人民共和国公司法》等，分析公司股东，特别是那些不参与公司经营的中小股东是否有权查阅包括原始账簿在内的会计账簿？如果可以，那正确的程序和具体办法应该是怎样的？

第七章　会计核算程序

一、单项选择题

1. 企业会计核算工作的起点和基础就是（　　）。

A. 设置账户　　B. 登记账簿

C. 填制会计凭证　　D. 编制会计报表

2. 能划分出不同的账务处理程序的根本性标志是（　　）。

A. 登记总分类账的依据不同

B. 编制汇总原始凭证的依据不同

C. 编制会计报表的依据不同

D. 编制记账凭证的依据不同

3. 下列程序中（　　）是最为基本的会计核算组织程序。

A. 日记总账核算组织程序

B. 记账凭证核算组织程序

C. 科目汇总表核算组织程序

D. 汇总记账凭证核算组织程序

4.（　　）是科目汇总表核算形式的主要缺点，这样不便于了解经济活动内容。

A. 限制会计科目数量

B. 反映不出账户的对应关系

C. 不利于会计核算分工

D. 不能进行试算平衡

5. 汇总记账凭证的汇总转账凭证按每一贷方科目设置，这就会导致（　　）进而成为影响其账务处理程序的缺点。

A. 不便于查对账目

B. 总分类账中不能反映有关科目之间的对应关系

C. 登记总分类账的工作量较大

D. 编制汇总记账凭证的工作量较大

6. 在汇总记账凭证核算组织程序下，总账是依据（　　）来登记的。

A. 原始凭证　　B. 记账凭证

C. 汇总记账凭证　　D. 科目汇总表

7. 各种不同的会计核算形式有其相同之处即是（　　）。

A. 登记总账的依据

B. 优缺点及适应范围

C. 登记明细账的依据

D. 账务处理的程序

8. 一般而言，（　　）适合于采用记账凭证会计核算形式。

A. 业务量少的单位

B. 规模大的企业

C. 业务量多的单位

D. 所有企业、事业单位

9. 记账凭证核算形式下的账务处理程序是根据（　　）。

A. 各种记账凭证编制科目汇总表

B. 各种汇总记账凭证登记总分类账

C. 记账凭证逐笔登记总分类账

D. 各种记账凭证编制有关汇总记账凭证

10. 下面的根据（　　）的程序不属于记账凭证核算形式中的正确步骤。

A. 记账凭证登记总账

B. 总分类账和明细分类账的资料，编制会计报表。

C. 原始凭证或原始凭证汇总表编制记账凭证

D. 收、付、转凭证登记日记账

11. 日记总账是日记账与（　　）结合在一起的联合账簿。

A. 记账凭证　　　　B. 原始凭证
C. 明细账　　　　D. 总账

12. 科目汇总表会计核算程序是直接根据（　　）定期汇总编制的。

A. 原始凭证　　　　B. 记账凭证
C. 汇总原始凭证　　　　D. 汇总记账凭证

二、多项选择题

1. 科目汇总表会计核算程序的优点主要有（　　）。

A. 反映了账户的对应关系
B. 简化了总账的登记工作
C. 方便于查对账目
D. 可用试算平衡来降低总账登记错误

2. 记账凭证式、科目汇总表式、汇总记账凭证式这三种会计核算形式登记总账的直接依据分别为（　　）。

A. 记账凭证　　　　B. 汇总记账凭证
C. 明细账　　　　D. 科目汇总表
E. 日记账

3. 会计核算组织程序主要包括（　　）在内的多种形式。

A. 记账凭证核算组织程序
B. 科目汇总表核算组织程序
C. 日记账核算组织程序
D. 汇总记账凭证核算组织程序

4. 记账凭证式会计核算组织程序一般适用于（　　）。

A. 规模大的经济单位
B. 规模小的经济单位
C. 经济业务较少的经济单位
D. 经济业务较多的经济单位

5. 汇总记账凭证会计核算组织程序的优点包含有（　　）。

A. 能通过明确账户之间的对应关系来了解经济业务的来龙去脉

B. 编制汇总记账凭证工作量小

C. 有利于会计的分工

D. 减少登记总账的工作量

6. 汇总记账凭证是按每个科目来设置的。以记账凭证为依据，按有关科目的贷方设置，按借方科目归类汇总的有（　　）。

A. 科目汇总表　　B. 汇总付款凭证

C. 汇总收款凭证　　D. 汇总转账凭证

7. 下列项目中属于科目汇总表核算形式的正确步骤是根据（　　）。

A. 原始凭证编制记账凭证

B. 收、付凭证登记现金、银行存款日记账

C. 记账凭证编制科目汇总表

D. 记账凭证登记总分类账

8. 在汇总记账凭证会计核算组织程序下，作为登记“银行存款”总账户的依据有（　　）。

A. 现金汇总付款凭证

B. 现金汇总收款凭证

C. 银行存款汇总付款凭证

D. 银行存款汇总收款凭证

9. 采用科目汇总表会计核算形式时，期末对账内容有（　　）。

A. 明细分类账　　B. 总分类账

C. 科目汇总表　　D. 现金日记账

E. 银行存款日记账

10. 在我国，较为常用的账务处理程序有（　　）。

A. 记账凭证账务处理程序

B. 汇总记账凭证账务处理程序

C. 科目汇总表账务处理程序

D. 多栏式日记账账务处理程序

三、判断题

1. 所有各种各样的账簿都是根据记账凭证来进行登记的。 ( )

2. 任何一种会计核算形式都是首先将所有的原始凭证汇总编制成汇总原始凭证。 ( )

3. 无论企业采用何种形式的会计核算组织程序，都必须设置日记账、总分类账和明细分类账。 ( )

4. 在汇总记账凭证会计核算形式下，为便于汇总转账凭证的编制，要求所有转账凭证的科目对应关系只能是一借一贷或一借多贷。 ( )

5. 在规模较大、业务量较多的单位，适于采用记账凭证核算形式。 ( )

6. 现金日记账和银行存款日记账都是要根据收款凭证和付款凭证来登记的。 ( )

7. 为保证总账与其所属明细账的记录相符，总账应根据其所属明细账记录转入登记。 ( )

8. 日记总账核算形式的缺点是：账务处理程序较为复杂。 ( )

9. 编制企业会计报表是账务处理程序的组成部分。 ( )

10. 通过汇总记账凭证的编制可以起到对总分类账进行汇总登记的作用。 ( )

11. 日记总账是一种兼具序时和总分类账簿两种功能的总分类账。 ( )

12. 在不同的账务处理程序中，科目汇总表账务处理程序是最为基本的一种。 ( )。

四、简答题

1. 账务处理程序的定义是什么？账务处理程序有哪几种？

2. 简述记账凭证账务处理程序的工作步骤和适用范围及其优缺点。

3. 简述汇总记账凭证账务处理程序的工作步骤和适用范围及其优缺点。

4. 简述科目汇总表账务处理程序的工作步骤和适用范围及其优缺点。

五、综合题

习题一

目的：

练习科目汇总表的编制。

垛薇股份有限公司 2010 年 12 月上旬发生下列经济业务：

1. 12 月 1 日，自工商银行提出现金 60 000 元备用。

2. 12 月 1 日，从东方厂购进材料 30 000 元一批，已入库，增值税进项税 5 100 元，款项尚未支付。

3. 12 月 2 日，向五菱公司赊销 A 产品一批，价值 10 000 元，增值税销项税 1 700 元。

4. 12 月 2 日，总部分管经理刘岩出差，借支差旅费 500 元，以现金付讫。

5. 12 月 3 日，二车间领用甲材料一批，其中 A 产品生产耗用 3 000 元，车间一般消耗 500 元。

6. 12 月 3 日，销售给多莱公司 A 产品一批，货款为20 000 元，增值税销项税 3 400 元，款项尚未收到。

7. 12 月 4 日，从禹州公司购进乙材料一批，货款 8 000 元，增值税进项税 1 360 元，款项尚未支付。

8. 12 月 4 日，厂部李青出差，借支差旅费 400 元，用现金付讫。

9. 12 月 5 日，以银行存款 5 850 元，偿还前欠东方厂的购料款。

10. 12 月 6 日，从银行提出现金 1 000 元备用。

11. 12 月 7 日，接银行通知，五菱公司汇来前欠货款 11 700 元，已收妥入账。

12. 12 月 8 日，车间领用乙材料一批，其中用于 A 产品 12 000元，用于车间一般消耗 4 000 元。

13. 12 月 9 日，以银行存款 18 720 元，偿还前欠禹州公司购料款。

14. 12 月 10 日，接银行通知，多莱公司汇来前欠货款 117 000元，已收妥入账。

要求：

（1）根据垛薇公司经济业务编制记账凭证。

（2）根据所编记账凭证编制科目汇总表。

科目汇总表

××年×月 1—10 日

会计科目	借方金额	贷方金额
合　计		

习题二

目的：

编制汇总付款凭证和汇总转账凭证。

根据习题一的资料所编的记账凭证（会计分录）完成练习。

要求：

根据记账凭证（会计分录）编制银行存款科目的汇总付款凭证和原材料科目的汇总转账凭证。

汇总付款凭证

贷方科目：银行存款

借方科目	金额				总账页数	
	1—10	11—20	21—31	合计	借方	贷方
合　计						

汇总转账凭证

贷方科目：原材料

借方科目	金额				总账页数	
	1—10	11—20	21—31	合计	借方	贷方
合　计						

第八章 财务会计报告

一、单项选择题

1. 一般而言，资产负债表是反映企业在某一特定日期（　　）的会计报表。

A. 财务状况　　B. 经营成果

C. 所有者投资　　D. 现金流量

2. 下列项目中（　　）是不应列入资产负债表中的“存货”项目的。

A. 委托代销商品　　B. 工程物资

C. 委托加工物资　　D. 分期收款发出商品

3. 以下不影响营业利润的项目是（　　）。

A. 投资收益　　B. 主营业务成本

C. 营业外收入　　D. 管理费用

4. 若应收账款账户下属的明细账户尚有贷方余额，则应该在资产负债表中的以下哪个项目中反映（　　）。

A. 应收账款　　B. 预收账款

C. 应付账款　　D. 预付账款

5. 能引发企业投资活动中的现金流量发生变化的经济事项是（　）。

A. 归还借款利息　　B. 发行债券

C. 赊销商品　　D. 购买工程物资

6. 多步式利润表中的利润总额是以（　　）为基础来计算的。

A. 投资收益　　　　　　B. 营业收入

C. 营业利润　　　　　　D. 营业成本

7. 以下各项中（　　）不属于筹资活动产生的现金流量。

A. 分配现金股利

B. 借入资金所收到的现金

C. 吸收权益性投资所收到的现金

D. 收回债券投资所收到的现金

8. 下列对企业盈利能力和利润分配政策最为关心的报表使用者是（　　）。

A. 债权人　　　　　　B. 投资者

C. 企业职工　　　　　D. 货物供应商

9. 按照编制单位的不同做标准进行分类，会计报表可以分为（　　）。

A. 单位报表和合并报表　　B. 内部报表和外部报表

C. 静态报表和动态报表　　D. 中期报表和年度报表

10. 利润表是用于反映企业在（　　）生产经营成果的会计报表。

A. 某一会计期间内　　　　B. 某一月末

C. 某一特定日期　　　　　D. 某一年末

11. 下列报表中（　　）是属于静态的会计报表。

A. 利润分配表　　　　　B. 现金流量表

C. 资产负债表　　　　　D. 利润表

12. 所有者权益在资产负债表中具体的排列顺序是（　　）。

A. 实收资本、盈余公积、资本公积、未分配利润

B. 实收资本、资本公积、盈余公积、未分配利润

C. 资本公积、盈余公积、未分配利润、实收资本

D. 未分配利润、盈余公积、资本公积、实收资本

13. 资产负债表中的资产类项目是按其（　　）顺序排

列的。

A. 项目时间性　　B. 项目流动性

C. 项目重要性　　D. 项目收益性

14. 编制资产负债表时，下列（　　）项目需要根据相应总账所属明细账户的期末余额分析填列。

A. 应收票据　　B. 应付工资

C. 应付账款　　D. 应付票据

15. 在资产负债表中，下列（　　）项目需要根据有关总账账户的余额计算填例。

A. 货币资金　　B. 长期借款

C. 应交税费　　D. 实收资本

16. 下列会计报表中，（　　）是依据“收入 - 费用 = 利润”填列的。

A. 主营业务收支表　　B. 资产负债表

C. 利润表　　D. 现金流量表

17. 下列会计报表中，（　　）是依据“资产 = 负债 + 所有者权益”填列的报表。

A. 利润表　　B. 利润分配表

C. 现金流量表　　D. 资产负债表

18. （　　）是现金流量在现金流量表中的正确分类方法。

A. 现金流入、现金流出

B. 直接现金流量及间接现金流量

C. 经营活动、投资活动和收支活动

D. 经营活动、投资活动和筹资活动

19. 财务状况是反映企业某一特定日期有关资产、负债及所有者权益的情况，是用相对（　　）来表达的资金运动信息。

A. 静止状态　　B. 运动状态

C. 来源状态　　D. 占用状态

20. 下列项目中，属于资产负债表中非流动负债项目的是

（　　）。

A. 应付票据　　B. 应付股利
C. 长期借款　　D. 应付职工薪酬

21. 已知东方集团2010年10月的以下账户期末余额："固定资产"为300 000元，"无形资产"为100 000元，"生产成本"为100 000元，"库存商品"为220 000元，"原材料"为200 000元。则该企业资产负债表中"存货"项目的月末数应填列（　　）。

A. 920 000　　B. 650 000
C. 520 000　　D. 420 000

22. 利润表的"本期金额"要根据（　　）账户的借方发生额填列。

A. 主营业务成本　　B. 主营业务收入
C. 主营业务利润　　D. 其他业务利润

23. 下列中的（　　）不在利润表"主营业务税金及附加"中反映。

A. 城市维护建设税　　B. 增值税
C. 营业税　　D. 消费税

24. 应收票据贴现属于（　　）的现金流量。

A. 投资活动产生　　B. 筹资活动产生
C. 经营活动产生　　D. 不涉及现金收支活动

25. 下面的（　　）项不是财务会计报告的组成内容。

A. 财务计划说明书　　B. 资产负债表
C. 利润表　　D. 会计报表附注

26. 企业用直接法编制现金流量表时是以（　　）为起点的。

A. 货币资金　　B. 净利润
C. 主营业务成本　　D. 主营业务收入

27. 一般应在资产负债表中的（　　）项目反映一年内到

期的委托贷款的净额。

A. 委托贷款
B. 短期投资
C. 一年内到期的长期投资
D. 长期债权投资

28. 下列的（　　）业务不会影响当期的现金流量。

A. 商业汇票贴现
B. 无形资产摊销
C. 收到银行存款利息
D. 收回以前年度核销的坏账

29. （　　）包括应交增值税的明细表。

A. 财务状况的主表　　B. 现金流量表的附表
C. 利润表的附表　　D. 资产负债表的附表

30. 有关资产负债表格式的说法中，下列（　　）是不正确的。

A. 负债和所有者权益按照求偿权的先后顺序排列
B. 账户式资产负债表分为左右两方，左方为资产，右方为负债和所有者权益
C. 我国的资产负债表采用报告式
D. 资产负债表主要有账户式和报告式

二、多项选择题

1. 下列中有（　　）等式是正确的。

A. 净利润 = 利润总额 - 所得税费用
B. 利润总额 = 营业利润 + 营业外收入 - 营业外支出
C. 营业利润 = 营业收入 - 营业成本 - 营业税金及附加 - 期间费用 - 资产减值损失 + 公允价值变动收益（ - 公允价值变动损失） + 投资收益（ - 投资损失）
D. 期间费用 = 管理费用 + 销售费用 + 财务费用

2. 包括在资产负债表中存货项目的内容应该有（　　）。

A. 原材料　　B. 工程物资

C. 生产成本　　D. 库存商品

E. 受托代销商品

3. 编制会计报表必须要做到（　　）。

A. 真实可靠　　B. 全面完整

C. 编报及时　　D. 便于理解

E. 相关可比

4. 按编制时间，财务会计报告可以分为（　　）。

A. 月度财务会计报告

B. 季度财务会计报告

C. 半年度财务会计报告

D. 年度财务会计报告

5. 在填列资产负债表时，"应付账款"项目内容包括（　　）。

A. "应付账款"明细账户的借方余额

B. "预付账款"明细账的贷方余额

C. "应付账款"明细账的贷方余额

D. "预付账款"明细账的借方余额

6. 财务报表按所反映的内容不同，分为（　　）。

A. 现金流量表　　B. 资产负债表

C. 利润表　　D. 利润分配表

E. 财务状况说明书

7. 资产负债表中"货币资金"项目的金额为（　　）期末余额合计数。

A. 现金　　B. 银行存款

C. 其他货币资金　　D. 应收账款

E. 其他应收款

8. 利润表的特点包括有（　　）。

A. 属于静态报表

B. 属于动态报表

C. 根据相关账户的本期发生额编制

D. 根据相关账户的期末余额编制

9. 现金等价物的特点主要有（　　）。

A. 期限短　　B. 流动性强

C. 收益性高　　D. 价值变动风险小

E. 易于转换为已知金额的现金

10. （　　）是属于财务报表中所有者权益的项目。

A. 实收资本　　B. 盈余公积

C. 资本公积　　D. 留存收益

E. 未分配利润

11. 下列项目中，（　　）是属于中期财务报告。

A. 年度财务报告　　B. 季度财务报告

C. 半年度财务报告　　D. 月度财务报告

12. 根据《企业会计制度》的规定，期末终了应当报送的企业财务报告包括（　　）。

A. 财务分析表　　B. 会计报表

C. 财务状况说明书　　D. 审计报告

E. 会计报表附注

13. 下列（　　）项目是属于非流动负债的。

A. 长期借款　　B. 应付工资

C. 长期应付款　　D. 应交税费

14. 下列经济业务中有（　　）项目应记入经营活动产生的现金流入。

A. 取得投资收益收到的现金

B. 提供劳务收到的现金

C. 收到的税费返还

D. 取得债券利息收到的现金

E. 销售商品收到的现金

15. 通过资产负债表提供的会计信息，报表使用者可以（　）。

A. 了解企业的经营情况和财务状况

B. 掌握企业财务状况的变化情况和变化趋势

C. 评价企业经济效益，获利能力

D. 评价企业的偿债能力

E. 了解企业控制的资产总额和构成

16. 企业为（　）等报告的使用者提供财务会计信息。

A. 投资者

B. 债权人

C. 政府及相关机构

D. 企业管理人员、职工和社会公众等

17. 下列（　）账户要影响营业利润。

A. 主营业务收入　　B. 营业税金及附加

C. 其他业务成本　　D. 营业外支出

18. 以下（　）属于编制现金流量表中的现金内容。

A. 银行存款　　B. 库存现金

C. 其他货币资金　　D. 现金等价物

19. 下列各项中属于企业发展能力指标的有（　）。

A. 营业收入增长率　　B. 资本保值增值率

C. 总资产增长率　　D. 营业利润增长率

20. 下列各项中，属于财务情况说明书主要内容的有（　）。

A. 资金增减和周转情况

B. 会计报表的编制基础、依据、原则和方法

C. 利润实现和分配情况

D. 企业生产经营基本情况

三、判断题

1. 资产负债表反映的是企业在一定期间的财务状况的报表。 （ ）

2. 利润表是按利润形成排列的，其格式有多步式和单步式两种，我国采用多步式。 （ ）

3. 会计报表是对外报送的企业报表，故此，其所提供的信息仅仅是对外部的投资者和债权人有用。 （ ）

4. 按我国《企业会计准则》规定，完整成套的会计报表至少要包括资产负债表、损益表、现金流量表、所有者权益变动表和附注。 （ ）

5. 资产负债表中的资产类项目至少包含流动资产项目、长期投资项目和固定资产项目三类。 （ ）

6. 将于一年内（含一年）到期的各项长期负债，应当在“一年内到期的长期负债”项目内单独反映。 （ ）

7. 会计报表附注是对编制报表的基础、依据、原则和方法及主要项目所做出的解释，以便于报表使用者理解会计报表的内容。 （ ）

8. 在资产负债表内部的所有者权益各项目都按照其流动性或变现能力来排列。 （ ）

9. 资产负债表是属于静态报表，利润表则是动态报表。 （ ）

10. 报告式的资产负债表中的资产项目是按其重要性来排列的。 （ ）

11. 年末结账后，利润分配总账年末余额数应当与相应的资产负债表中未分配利润项目的数额一致。 （ ）

12. 假如固定资产清理科目出现了借方余额，则应当在资产负债表的“固定资产清理”项目中用负数形式来填列。 （ ）

13. 按照《企业会计准则》的规定，资产负债表中的“应

收票据”项目包括了企业已经向银行办理贴现的商业汇票。（　　）

14. 利润表中的“营业税金及附加”项目不应当包括增值税。（　　）

15. 企业所有支付给职工的工资均属于现金流量表中“经营活动产生的现金流量”。（　　）

16. 企业会计如果将当期发生的收益性支出误记成了资本性支出，则会减少当期的利润。（　　）

17. 年度会计报表的保存期限为25年。（　　）

18. 财务会计报告是企业会计核算的最终成果。（　　）

19. 反映企业某一特定日期财务状况的会计报表是利润表。（　　）

20. “收入－费用＝利润”被称为第二会计等式，是复式记账的理论基础和编制资产负债表的依据。（　　）

四、简答题

1. 简述财务会计报告的概念。企业财务会计报告的构成是怎样的？

2. 编制财务报表有哪些要求？

五、综合题

习题一

目的：

练习利润表的编制。

2009年6月，曙光公司的各损益类账户发生额如下：

账户名称	6月份发生额	1~5月份发生额
主营业务收入	6 523 000	28 360 000
主营业务成本	4 922 895	21 502 505
主营业务税金及附加	68 500	264 448
其他业务收入	16 943	101 606
其他业务支出	11 700	58 400
销售费用	132 320	507 350
管理费用	82 650	384 800
财务费用	64 100	326 600
投资收益	6 660	52 400
营业外收入	47 800	304 723
营业外支出	16 400	100 322
所得税	373 959.50	1 901 076

要求：

根据资料编制曙光公司2009年6月份的利润表。

利润表

编制单位：曙光公司　2009年6月30日　单位：元

项目	本月数	本年累计数
一、主营业务收入		
减：主营业务成本		
主营业务税金及附加		
二、主营业务利润		
加：其他业务利润		
减：管理费用		

表(续)

项目	本月数	本年累计数
财务费用		
营业费用		
三、营业利润		
加：投资收益		
补贴收入		
营业外收入		
减：营业外支出		
四、利润总额		
减：所得税费用		
五、净利润		

习题二

目的：

练习利润分配表的编制。

颐安公司2010年年末有关账户的发生额及余额如下表：

利润分配——未分配利润

		期初余额	5 000
	20 000		30 000
本期发生额	20 000	本期发生额	30 000
		期末余额	15 000

利润分配——提取盈余公积

	2 000		2 000
本期发生额	2 000	本期发生额	2 000

利润分配——应付利润

	1 600		1 600
本期发生额	1 600	本期发生额	1 600

利润分配

		期初余额	5 000
	20 000		30 000
本期发生额	20 000	本期发生额	30 000
		期末余额	15 000

要求：

根据上述资料编制2010年度利润分配表。

利润分配表

项目	本年实际
一、净利润	
加：年初未分配利润	
二、可供分配的利润	
减：提取盈余公积	
应付利润	
三、未分配利润	

习题三

目的：

练习资产负债表主要要项目的填列。

1. 京韵公司采用计划成本进行材料的日常核算。2010 年 12 月，月初结存材料计划成本为 300 万元，本月收入材料计划成本为 700 万元；月初结存材料成本差异为节约 5 万元，本月收入材料成本差异为超支 15 万元，本月发出材料计划成本为 800 万元。

2. 东航企业 2011 年 3 月份“应付账款”科目的月末贷方余额为 40 000 元，其中“应付账款——B 公司”明细科目的贷方余额为 35 000 元，“应付账款——C 公司”明细科目的借方余额为 10 000 元，“应付账款——D 公司”明细科目的贷方余额为 15 000 元；“预付账款”科目的月末贷方余额为 50 000 元，其中“预付账款——F 公司”明细科目的贷方余额为 65 000 元，“预付账款——H 公司”明细科目的借方余额为 15 000 元。

要求：

（1）计算京韵公司 2010 年度资产负债表存货项目中原材料的金额。

（2）计算东航企业 2011 年 3 月份资产负债表中“应付账款”项目的金额。

习题四

目的：

练习报表的财务分析。

娥枫有限责任公司（以下简称娥枫公司）2010 年的有关财务报表资料如下：

单位：万元

资产负债项目	年初数	年末数
资产	6 000	8 000
负债	3 000	4 000
所有者权益	3 000	4 000
利润表项目	上年数	本年数
营业收入	—	40 000
净利润	—	700

要求：

根据上述资料，计算下列财务分析指标（保留小数点后两位）：净资产收益率、总资产净利率、营业净利率、总资产周转率、权益乘数。

习题五

目的：

练习报表科目计算。

楠灏有限责任公司（以下简称楠灏公司）为增值税一般纳税人，适用的增值税税率为17%，2010 年12 月月初的部分科目余额如下表所示：

科目名称	借方余额	贷方余额	科目名称	借方余额	贷方余额
货币资金	50 000		短期借款		30 000
短期投资	1 000		应付账款		62 900
应收账款	80 000		预收账款		51 200
坏账准备		100	应交税费		1 400
预付账款	3 000		应付利息		5 400

表(续)

科目名称	借方余额	贷方余额	科目名称	借方余额	贷方余额
长期待摊费用	2 000		长期借款		380 000
原材料	65 000		实收资本		480 000
库存商品	105 000		资本公积		30 000
持有至到期投资	22 000		盈余公积		20 000
固定资产	864 000		利润分配		12 000
累计折旧		160 000	本年利润		11 000
在建工程	52 000				
	1 244 000	160 100			1 083 900

假定坏账准备均为应收账款计提。楠灏公司 12 月份有关资料如下：

1. 当月销售商品价值 100 000 元，增值税额 17 000 元，款项尚未收到，商品成本为 72 000 元；

2. 计提本月总部用固定资产折旧 2 100 元；

3. 用银行存款支付其他管理费用 3 000 元；

4. 支付部分工程承包款 7 200 元，工程尚未完工；

5. 支付本月已计提的短期借款利息 4 200 元；

6. 购入短期交易性金融债券，以银行存款支付买价 6 000 元，另支付交易费用 60 元；

7. 收回已核销的以前年度坏账 5 100 元；

8. 以银行存款偿还短期借款 9 000 元，同时支付发生的财务费用 196 元；

9. 经过风险分析，企业决定年末按应收账款余额的 1% 计提坏账准备金；

10. 公司 1 ~ 11 月份的所得税费已转入本年利润，目前的所得税税率为 25%。暂不考虑纳税调整事项，用银行存款

1 084. 25元缴纳本月已核的应交所得税；

11. 计提财务规定的法定盈余公积和任意盈余公积金额各为1 286. 5 元。

要求：

计算楠灏公司 2010 年 12 月 31 日资产负债表中下列项目的金额：货币资金，交易性金融资产，应收账款，存货，固定资产，在建工程，短期借款，应付利息，应交税费，未分配利润。

第九章　财产清查

一、单项选择题

1. 下列情况下应采用全面清查的是（　　）。

A. 更换出纳人员

B. 企业被其他企业合并

C. 企业债权、债务的清查

D. 财产物资保管员更换

2. 出纳人员在每日营业终了时进行的清查属于（　　）。

A. 全面清查和定期清查

B. 局部清查和不定期清查

C. 全面清查和不定期清查

D. 局部清查和定期清查

3. 下列各选项说法正确的是（　　）。

A. 贵重物资每天应盘点一次

B. 库存现金应该每日清点一次

C. 银行存款每个季度至少同银行核对一次

D. 债权债务每年至少核对二至三次

4. 企业在遭受自然灾害后，对其受损的财产物资进行的清查，属于（　　）。

A. 全面清查和定期清查

B. 全面清查和不定期清查

C. 局部清查和定期清查

D. 局部清查和不定期清查

5. 年终决算前进行的财产清查属于（　　）。

A. 全面清查和定期清查
B. 全面清查和不定期清查
C. 局部清查和定期清查
D. 局部清查和不定期清查

6. 对往来款项进行清查，应该采用的方法是（　　）。
A. 实地盘存法　　B. 技术推算法
C. 与银行核对账目法　　D. 发函询证法

7. 对于企业天然堆放的煤块，一般采用（　　）法进行清查。
A. 抽查检验　　B. 实地盘点
C. 询证核对　　D. 技术推算

8. 下列属于实物资产清查范围的是（　　）。
A. 库存现金　　B. 银行存款
C. 存货　　D. 应收票据

9. 对库存现金的清查应采用的方法是（　　）。
A. 检查现金日记账　　B. 倒挤法
C. 实地盘点法　　D. 重点抽查法

10. 关于现金的清查，下列说法不正确的是（　　）。
A. 在清查小组盘点现金时，出纳人员必须在场
B. “现金盘点报告表”需要清查人员和出纳人员共同签字盖章
C. 要根据“现金盘点报告表”进行账务处理
D. 出纳人员必须无条件承担现金清查盘亏的责任

11. 无法查明原因的现金盘盈应该记入（　　）科目。
A. 管理费用　　B. 销售费用
C. 其他业务收入　　D. 营业外收入

12. 库存现金清查盘点时，（　　）必须在场。
A. 出纳人员　　B. 记账人员
C. 单位领导　　D. 会计主管

13. 出纳人员发生变动时，应对其保管的库存现金进行清查，这种财产清查属于（　　）。

A. 全面清查和定期清查

B. 局部清查和不定期清查

C. 全面清查和不定期清查

D. 局部清查和定期清查

14. 下列项目中，属于定期清查的是（　　）。

A. 有关单位对本企业进行审计

B. 年终决算之前

C. 企业股份制改造前

D. 单位主要领导调离时

15. 一般来说，在企业撤销、合并和改变隶属关系时，应对财产进行（　　）。

A. 全面清查　　B. 局部清查

C. 实地盘点　　D. 定期清查

16. 对银行存款进行清查，应该采用的方法是（　　）。

A. 定期盘点法　　B. 实地盘存法

C. 与银行核对账目法　　D. 函证核对法

17. 在企业与银行双方记账无误的情况下银行存款日记账与银行对账单余额不一致是由于有（　）存在。

A. 与供货商、客户之间往来款项记账有误

B. 与其他金融机构其他货币资金记账有误

C. 未达账项记账不一致

D. 出纳人员私自挪用

18. M 公司 2010 年 6 月 30 日银行存款日记账的余额为 80 万元，经逐笔核对，未达账项如下：银行已收，企业未收的 5 万元；企业已付，银行未付的 6 万元。调整后的企业银行存款余额应为（　　）万元。

A. 81　　B. 85

C. 71　　　　　　　　　　D. 74

19. 反映在待处理财产损溢科目借方的是（　　）。

A. 财产的盘亏数

B. 财产的盘盈数

C. 财产盘亏的转销数

D. 尚未处理的财产净溢余

20. 待处理财产损溢账户的贷方登记（　　）。

A. 企业盘亏的财产数额以及报经批准后转销的盘盈数

B. 企业盘盈的财产数额以及报经批准后转销的盘亏数

C. 企业盘盈、盘亏的财产数额

D. 报经批准后转销的盘盈、盘亏数额

21. 财产物资的盘存制度包括（　　）。

A. 收付实现制

B. 应收、应付制

C. 权责发生制

D. 永续盘存制、实地盘存制

22. 对存货进行清查发现盘亏，应记入借方的科目是（　　）。

A. 管理费用　　　　　　　　B. 营业费用

C. 待处理财产损溢　　　　　D. 营业外支出

23. 库存商品因管理不善盘亏，经批准核销时，应借记（　　）账户。

A. 管理费用　　　　　　　　B. 营业外支出

C. 库存商品　　　　　　　　D. 待处理财产损溢

24. 某企业仓库本期期末盘亏原材料原因已经查明，属于定额内自然损耗，经批准后，会计人员应编制的会计分录为（　　）。

A. 借：原材料

　　贷：待处理财产损溢

B. 借：待处理财产损溢
　　贷：管理费用
C. 借：管理费用
　　贷：待处理财产损溢
D. 借：营业外支出
　　贷：待处理财产损溢

25. 某企业非正常损失材料 100 千克，单价为 100 元，购货增值税专用发票上注明的增值税为 1 700 元，在经批准前，以下账务处理正确的是（　　）。

A. 借：待处理财产损溢——待处理流动资产损溢　11 700
　　贷：原材料　11 700
B. 借：原材料　10 000
　　贷：待处理财产损溢——待处理流动资产损溢　10 000
C. 借：待处理财产损溢——待处理流动资产损溢　11 700
　　贷：原材料　10 000
　　　　应交税费——应交增值税（进项税额转出）　1 700
D. 借：待处理财产损溢——待处理流动资产损溢　11 700
　　贷：原材料　10 000
　　　　应交税费——应交增值税（销项税额）　1 700

26. 企业因自然灾害造成的存货净损失，在报经批准后应（　　）。

A. 计入管理费用　　B. 计入其他应收款
C. 转作营业外支出　　D. 计入资产减值损失

27. 某企业在财产清查中，盘亏材料40 000元，其中25 000元属于自然损耗，15 000元属于非常损失，经批准后转销材料盘亏的会计分录借方科目是（　　）。

A. 管理费用、营业外支出

B. 待处理财产损溢、营业外支出

C. 管理费用、其他应收款

D. 管理费用、营业外收入

28. 某企业盘点中发现盘亏一台设备，原始价值80 000元，已计提折旧30 000元。根据事先签订的保险合同，保险公司应赔偿40 000元，则扣除保险公司赔偿后剩余的净损失10 000元应计入（　　）。

A. 累计折旧　　B. 管理费用

C. 资本公积　　D. 营业外支出

29. 发现盘亏的固定资产应该通过（　　）科目核算。

A. 固定资产清理　　B. 待处理财产损溢

C. 以前年度损益调整　　D. 资产减值损失

30. 对于盘盈的固定资产，经批准后应该记入（　　）。

A. 管理费用　　B. 营业外支出

C. 其他应付款　　D. 以前年度损益调整

31. 在财产清查中发现盘亏一台设备，其账面原值为80 000元，已提折旧20 000元，则该企业记入“待处理财产损溢”账户的金额为（　　）元。

A. 80 000　　B. 70 000

C. 60 000　　D. 100 000

32. 下列记录可以作为调整账面数字的原始凭证的是（　　）。

A. 盘存单　　B. 实存账存对比表

C. 银行存款余额调节表　　D. 往来款项对账单

33. 在财产清查中，“库存现金盘点报告表”的作用和要求是（ ）。

A. 仅仅等同盘存单，不能用于调整账面记录

B. 仅仅等同实存账存对比表，不能用于调整账面记录

C. 应由财务负责人和出纳人员共同签章方能生效

D. 是据以进行账务处理的直接原始依据

34. 在财产清查过程中，如发现长期应收而收不回的款项，并且经过调查已经有确凿证明不能收回，企业应（ ）。

A. 借：待处理财产损溢
　　贷：应收账款

B. 借：营业外支出
　　贷：待处理财产损溢

C. 借：资产减值损失
　　贷：待处理财产损溢

D. 借：坏账准备
　　贷：应收账款

35. 按照相关规范，一般情况下，“待处理财产损溢”账户期末（ ）。

A. 可能有借方余额　　B. 可能有贷方余额

C. 无余额　　D. 以上都不对

二、多项选择题

1. 财产清查是对一个单位的部分财产物资进行清查，对（ ）等财物，一般在年中应进行局部清查。

A. 产成品　　B. 贵重物品

C. 库存现金　　D. 机械设备

2. 财产清查主要解决以下哪几个问题？（ ）

A. 确定单位财产物资的实存数和债权、债务的实际金额

B. 查明财产物资的实存数与账面数的差异及其产生的

原因

C. 调整账目，达到账实相符

D. 不断发现和解决会计核算和会计管理方面的问题

3. 财产清查按清查的对象和范围划分为（ ）。

A. 定期清查　　B. 不定期清查

C. 全面清查　　D. 局部清查

4. 财产清查的内容包括（ ）。

A. 货币资金　　B. 财产物资

C. 应收、应付款项　　D. 对外投资

5. 进行局部财产清查时，正确的做法是（ ）。

A. 现金每月清点一次

B. 银行存款每月至少同银行核对一次

C. 贵重物品每月盘点一次

D. 债权债务每年至少核对一至两次

6. 下列情况需要进行不定期清查的是（ ）。

A. 年终决算前进行财产清查

B. 更换财产物资保管人员

C. 发生自然灾害或意外损失

D. 临时性清产核资

7. 在下列那些情况下可以进行不定期清查（ ）。

A. 更换出纳人员

B. 会计主体发生改变

C. 企业破产清算时

D. 税务部门对单位进行会计检查时

8. 全面清查是指对企业的全部财产进行盘点和核对，包括属于本单位和存放在本单位的所有财产物资、货币资金和各项债权债务。其中的财产物资包括（ ）。

A. 属于本单位但在途中的各种在途物资

B. 在本单位的所有固定资产、库存商品、原材料、包装

物、低值易耗品、在产品、未完工程等

C. 委托其他单位加工、保管的材料物资

D. 存放在本单位的代销商品、材料物资等

9. 下列情况中，（　　）需要进行全面财产清查。

A. 年终决算前

B. 单位撤销、合并或改变隶属关系前

C. 全面清产核资、资产评估

D. 单位主要负责人调离工作前

10. 以下情况中，宜采用局部清查的有（　　）。

A. 库存现金

B. 某些收发频繁、流动性较强的财产物资

C. 企业改为股份制企业

D. 各种债权债务

11. 造成账实不符的原因包括（　　）。

A. 存储中发生的自然损耗

B. 财产物资收发计量的错误

C. 财产物资的损毁、被盗

D. 账簿的漏记、重记

12. 实物财产的清查方法有（　　）。

A. 实地盘点法　　B. 抽查盘点法

C. 技术推算盘点法　　D. 核对账目法

13. 下列可以采用实地盘点法的有（　　）。

A. 银行存款　　B. 固定资产

C. 应收账款　　D. 库存现金

14. 下列不适于采用实地盘点法清查的是（　　）。

A. 原材料　　B. 固定资产

C. 露天堆放的沙石　　D. 露天堆放的煤

15. 下列可作为原始凭证，据以调整账簿记录的有（　　）。

A. 现金盘点报告表　　B. 银行存款余额调节表
C. 盘存单　　D. 账存实存对比表

16. 产生未达账项的情况有（　　）。
A. 企业已收款入账，而银行尚未收款入账
B. 企业已付款入账，而银行尚未付款入账
C. 银行已收款入账，而企业尚未收款入账
D. 银行已付款入账，而企业尚未付款入账

17. 与外单位核对账目的方法适用于（　）。
A. 现金的清查　　B. 银行存款的清查
C. 材料的清查　　D. 往来款项的清查

18. 实存账存对比表是（　）。
A. 会计账簿的重要组成部分
B. 财产清查的重要报表
C. 调整账簿的原始凭证
D. 分析盘亏的原因，明确经济责任的重要依据

19. 现金清查的内容主要包括（　　）。
A. 是否有未达账项
B. 是否有白条顶库
C. 是否超限额留存现金
D. 是否坐支现金

20. 库存现金盘亏的账务处理中可能涉及的科目有（　）。
A. 管理费用　　B. 库存现金
C. 其他应收款　　D. 营业外支出

21. 关于库存现金的清查，下列说法正确的有（　　）。
A. 库存现金应该每日清点一次
B. 库存现金应该采用实地盘点法
C. 在清查过程中可以用借条、收据充抵库存现金
D. 要根据盘点结果编制“现金盘点报告表”

22. 关于往来款项和库存现金的清查，下列说法正确的有（　　）。

A. 往来款项的清查一般采用与对方对账的方法

B. 往来款项的清查要按每一个经济往来单位填制“往来款项对账单”

C. 采用函询证法，对方单位经过核对相符后，在回联单上加盖公章退回，表示已经核对

D. “现金盘点报告表”不能作为调整账簿记录的原始凭证

23. 关于银行存款的清查，下列说法正确的是（　　）。

A. 对于未达账项，需要根据“银行存款余额调节表”作账务处理

B. 对于未达账项，等以后有关原始凭证到达后再作账务处理

C. 如果调整之后双方的余额不相等，则说明银行或企业记账有误

D. 不需要根据“银行存款余额调节表”作任何账务处理

24. 银行存款的清查，需将（　　）进行相互逐笔核对。

A. 银行存款总账　　B. 银行对账单

C. 银行存款日记账　　D. 支票登记簿

25. 对银行存款进行清查的方法是将企业银行存款日记账与银行对账单相核对，如果两者不符，其可能的原因有（　　）。

A. 企业账务记录有误

B. 银行账务记录有误

C. 企业已记账，银行未记账

D. 银行已记账，企业未记账

26. 导致银行存款日记账余额大于银行对账单余额的未达账项是（　　）。

A. 企业已收，银行未收

B. 企业已付，银行未付

C. 银行已收，企业未收

D. 银行已付，企业未付

27. 编制“银行存款余额调节表”时，应调整银行对账单余额的业务是（ ）。

A. 企业已收，银行未收

B. 企业已付，银行未付

C. 银行已收，企业未收

D. 银行已付，企业未付

28. 下列项目中属于企业编制银行存款余额调节表时的调增项目的是（ ）。

A. 企业已收，银行未收

B. 企业已付，银行未付

C. 银行已收，企业未收

D. 银行已付，企业未付

29. 以下说法正确的是（ ）。

A. 现金清查后，应由盘点人员和出纳在“现金盘点报告表”上签名

B. 企业编制的银行存款余额调节表应作为调整账目的依据

C. 无法支付的应付账计入“营业外支出”

D. 固定资产盘亏时应按账面价值转入“待处理财产损益”

30. 盘亏的存货在处理时，应分别情况记入下列账户（ ）。

A. 营业外收入　　B. 财务费用

C. 管理费用　　D. 其他应收款

31. 财产清查中查明的各种财产物资的盘亏，根据不同的原

因，报经审批后可能列入的账户有（　　）。

A. 其他应收款　　B. 管理费用

C. 营业外支出　　D. 营业外收入

32. 存货盘亏及毁损时，在按管理权限经批准后，借方可能涉及的科目是（　　）。

A. 原材料　　B. 其他应收款

C. 管理费用　　D. 营业外支出

33. 某机械制造企业在财产清查中，发现账外原材料一批，估计价值为40 000元，并按规定报经批准。会计机构对此应做的会计分录有（　　）。

A. 借：待处理财产损溢　　40 000
　　贷：原材料　　40 000

B. 借：待处理财产损溢　　40 000
　　贷：营业外收入　　40 000

C. 借：原材料　　40 000
　　贷：待处理财产损溢　　40 000

D. 借：待处理财产损溢　　40 000
　　贷：管理费用　　40 000

34. M公司在财产清查中盘亏生产设备一台，该设备的原值为50 000元，已提折旧10 000元。经批准，作为损失列支。则东方公司需要编制的相关会计分录包括（　　）。

A. 借：待处理财产损溢——待处理固定资产损溢　　40 000
　　　累计折旧　　10 000
　　贷：固定资产　　50 000

B. 借：固定资产　　50 000
　　贷：累计折旧　　10 000
　　　　待处理财产损溢——待处理固定资产损溢　　40 000

C. 借：管理费用 40 000

贷：待处理财产损溢——待处理固定资产损溢

40 000

D. 借：营业外支出 40 000

贷：待处理财产损溢——待处理固定资产损溢

40 000

三、判断题

1. 一般情况下，全面清查是定期清查，局部清查是不定期清查。 （ ）

2. 一般情况下，内部清查是局部清查，外部清查则是全面清查。 （ ）

3. 财产清查就是对各种实物财产进行的清查盘点。 （ ）

4. 对于财产清查结果的账务处理一般分两步进行，即审批前先调整有关账面记录，审批后转入有关账户。 （ ）

5. 企业的定期清查一般在期末进行，可以是全面清查，也可以是局部清查。 （ ）

6. 企业受其他单位委托保管的各项财产物资也属于财产清查的范围。 （ ）

7. 未达账项是由于凭证在时间上的传递差的原因造成的，是银行存款日记账与银行对账单余额不相符的唯一原因。

（ ）

8. 企业每月都应进行一次全面清查。 （ ）

9. 造成账实不符的原因很多，如财产物资的自然损耗、收发差错或计量误差、贪污盗窃等，因此需要进行定期不定期的财产清查。 （ ）

10. 往来款项的清查，采用与对方核对账目的方法。

（ ）

11. 清查小组对库存现金进行清查时，出纳人员必须在场，

库存现金由清查人员经手盘点，出纳人员须从旁监督。（ ）

12. 企业存货盘亏损失的只是其账面价值，与税金无关。

（ ）

13. 企业在进行财产清查后，应根据清查结果编制“账存实存对比表”。（ ）

14. 为了反映和监督单位在财产清查过程中查明的各种资产的盘盈或盘亏情况，应设置“待处理财产损溢”账户。（ ）

15. 企业在财产清查时，发现盘盈原材料，报经批准后记入管理费用的借方。（ ）

16. 企业可以根据需要随时进行全面清查。（ ）

17. 实地盘存制度要求，平时根据会计凭证入账时既要登记财产的增加数，也要登记其减少数。（ ）

18. 现金清查中发现长款，如果无法查明原因，经批准应当冲减当期管理费用。（ ）

19. 无法查明原因造成的现金短款应记入营业外支出账户。

（ ）

20. 银行对账单余额才是企业正确的银行存款余额。

（ ）

21. 为使银行存款日记账与银行对账单核对相符，财务部门对于未达账项应编制银行存款余额调节表进行调节，同时将未达账项编制记账凭证登记入账。（ ）

22. 银行存款日记账和银行对账单都正确时，二者的余额仍然有可能不一致。（ ）

23. 对原材料、产成品、固定资产等实物资产进行清查时，一般可以采用实地盘点法、技术推算法、发函询证法。（ ）

24. 在对材料资产进行清查时，应当将盘存单上的实存数同账面余额记录进行核对，填制“盘存单”，作为调整账面记录的原始凭证。（ ）

25. 原材料盘盈核实后应从“待处理财产损溢”，转入“营

业外收入”。 （ ）

26. 通过银行存款余额调节表调节后相等的余额为企业可立即动用的银行存款实有数。 （ ）

27. 盘点实物时，发现其账面数大于实存数，即为盘盈。 （ ）

28. “待处理财产损溢”账户是损益类账户。 （ ）

29. 现金和银行存款的清查均应采用实地盘点的方法进行。 （ ）

30. 对实物财产清查时，既要清查数量又要检验质量。 （ ）

31. 财产清查结果的处理即指账务处理。 （ ）

32. 现金清查结束后，应填写“现金盘点报告表”，并由盘点人和出纳人员签名或盖章。 （ ）

33. 实物财产的“盘点报告表”可以作为记账和登记账簿的原始凭证。 （ ）

34. 属于自然灾害造成的存货毁损，扣除保险公司赔款和残值后的净损失，应记入“管理费用”账户。 （ ）

35. 对于盘亏固定资产的净损失，报经批准后应转入“营业外支出”账户。 （ ）

36. 盘盈固定资产，应按同类或类似固定资产的重置成本入账，并按前期差错进行处理。 （ ）

37. 技术推算法是指利用技术方法推算财产物资实存数的方法。 （ ）

38. 相对于技术推算法，实地盘点法得到的数据通常不够准确，但工作量较小。 （ ）

39. 无论永续盘存制还是实地盘存制，对各项财产物资进行实地清查盘点的目的都是为了账实核对。 （ ）

四、简述题

1. 简述确定财产物资账面结存的方法和对其进行实物清查的方法。

2. 简述现金、银行存款和往来款项等货币资金类财产的主要清查方法。

3. 归纳财产清查及其结果的会计处理方法。

五、业务题

习题一

目的：

理解未达账项的基本概念，掌握银行存款余额调节表的编制。

腾达公司2010年9月最后三天银行存款日记账与银行对账单的记录如下：

1. 腾达公司银行存款日记账的记录如下：

（1）9月28日，开出转账支票3 115#，支付第四季度营业用房房租15 000元；

（2）9月28日，收到委托银行代收S公司货款58 500元；

（3）9月29日，开出转账支票3 116#，支付第四季度的平面媒体广告费4 500元；

（4）9月30日，存入银行转账支票一张，金额23 400元；

（5）9月30日，开出转账支票3 117#，支付材料价款35 100元；

银行存款日记账9月30日的余额为128 000元。

2. 腾达公司开户行发来的银行对账单记录如下：

（1）9月28日，代收S公司货款58 500元到账；

（2）9月29日，代付水电费3 200元；

（3）9月30日，代收Q公司货款46 800元；

（4）9月30日，支付3 115#转账支票15 000元；

（5）9月30日，支付3 116#转账支票4 500元。

银行对账单9月30日余额为182 200元。

3. 经核对查明，腾达公司银行存款日记账有两笔记录错误：

（1）9月28日开出转账支票3 115#，支付下季度房租15 000元，错记为13 000元。

（2）9月30日，开出转账支票3 116#，支付第四季度的平面媒体广告费4 500元，错记为5 400元。

上述两笔错误均为记账凭证编制错误，并已经登记入账。

要求：

（1）按规定的更正错账的方法进行腾达公司的两笔错账进行相应的更正，计算银行存款日记账更正后的余额。

（2）查明未达账项后，编制银行存款余额调节表。

习题二

目的：

掌握典型财产物资盘盈和盘亏业务的账务处理方法。

腾达公司2010年年末进行了一次全面的财产清查，发现了以下问题：

1. 库存现金短少了500元，经询问调查是出纳员张丽丽在收付款的过程中有失误造成的，经报批应由责任人负担。

2. 盘亏办公电脑一台，账面原值4 500元，已提折旧1 000元，经调查这台电脑很可能是公司办公室搬迁过程中被遗失，责任人难以明确确认，经报批转作营业外支出处理。

3. 盘盈C辅助材料10千克，按照活跃市场上同类材料的市场价格，对其重新评估，确认其估计价值为1 200元，经核查是由于计量器具长期使用自然磨损而使计量存在误差造成的，经报批作为管理费用处理。

4. 盘盈设备一台，根据重置价值以及磨损程度综合评估其价值5 000元，该项固定资产经调查应为上年度成批购置时被漏记，经批准作为前期差错进行相应的处理。

要求：

对腾达公司财产清查中出现的上述盘亏和盘盈事项，以及批准的处理办法进行相应的会计反映，即编制批准前后的会计分录。

五、案例分析

案例一

腾达公司的出纳员段某，某天在业务终了将库存现金与现金日记账进行核对时，发现库存现金实有数比账面记录少了5元。段某担心领导责怪其工作不认真，而金额差异很小，于是对谁都没有声张，自己拿出5元钱补上了现金库存数。

思考并讨论：作为出纳人员的段莉，此举是否符合会计规范的要求？如不符合，应当如何进行正确的处理？

案例二

清查人员在年末盘点时发现账面上的一部笔记本电脑盘亏了，原值为8 000元，已提折旧2 000元，净值为6 000元。经查系公司的王副经理所为，王某将公司正在使用的一台笔记本电脑借给其朋友使用，却未办理任何手续。于是，公司责令王某向其朋友要回笔记本电脑。但其朋友声称，该台笔记本电脑在数周前在去外地出差途中已被人偷走。当公司会计人员就这台笔记本电脑盘亏如何做账处理时，王某授意按正常报废处理。

思考并讨论：盘亏的固定资产是否能按正常报废处理？腾达公司应当如何正确处理上述盘亏的固定资产呢？

案例三

M 公司 2010 年资产负债表在进行审计时，被审计人员发现有一笔 10 万元的待处理流动资产净损失，金额与以往期间的一般情况有明显不同。审计人员在对其明细账进行审查后得知是 M 公司在 11 月份部分库存材料出现了盘亏所致。在对 11 月份的会计凭证进行审查时发现：

（1）该公司 11 月 20 日第 90 号凭证记录的购进装饰用材料业务为：

借：原材料　　100 000

　　应交税费——应交增值税（进项税额）　　17 000

　贷：银行存款　　117 000

（2）11 月 30 日第 123 号记账凭证后未附原始凭证，其记录的存货清查盘点结果为：

借：待处理财产损溢——待处理资产损溢　　200 000

　贷：原材料　　100 000

　　　其他应付款　　100 000

（3）11 月 30 日第 201 号记账凭证记录的报批后盘亏存货处理结果为：

借：管理费用　　200 000

　贷：待处理财产损溢——待处理资产损溢　　200 000

M 公司是基于什么原因将 5 万元的材料损失记入了“其他应付款”账户呢？这引起了审计人员的怀疑。审计人员于是对“其他应付款”的明细账进行了审查，发现有一笔应付给某装修公司的装修费用存在疑点。审计人员对 M 公司的综合办公楼进行了实地查看，发现会议厅是近期新装修过的，但从记账和会计凭证中未发现有关费用支出等记录。审计人员找到某装修公司对此事进行了调查，装修公司的记录表明 M 公司会议厅的装修工程确系该公司的业务，业务类型为全包方式，即装修所耗人工和材料均包含在装修工程决算款中。

思考并讨论：根据业务的来龙去脉和相关的证据，分析M公司是否存在违规、违法的行为？这些违规、违法行为如何认定？M公司应当怎样对上述业务和事项进行客观、真实的记录呢？

2008年6月四川省
会计从业资格考试《会计基础》试题[①]

一、单选题（从每题给出的四个备选答案中选出一个正确的答案，请将所选答案的字母填在题后的括号内。每题1分，本题共20分）

1. 下列选项，能够引起资产增加的是（　　）。

A. 提取盈余公积

B. 资本公积转增资本

C. 企业经销商品，货款未收

D. 支付职工的工资

2. 某企业经批准将已发行的万元债券转为实收资本，该项业务会导致（　　）。

A. 资产增加、负债减少

B. 负债减少、所有者权益增加

C. 收入减少、资产增加

D. 费用增加、所有者权益减少

3. 会计科目按其所提供信息的详细程度及其统驭关系不同，又分为（　　）和明细分类科目。

A. 二级明细科目　　B. 总分类科目

C. 三级明细科目　　D. 特殊明细科目

4. 下列账户属于成本类账户的有（　　）。

A. 主营业务成本　　B. 生产成本

C. 其他业务支出　　D. 管理费用

① 资料来源：好考网。

5. “应收账款”账户月末账款余额等于（ ）。

A. 期初余额+本期借方发生额-本期期末余额

B. 期末余额-本期贷方发生额+本期借方发生额

C. 期初余额+本期借方发生额-本期贷方发生额

D. 本期借方发生额+本期贷方发生额-本期期初余额

6. 借贷记账法的理论依据是（ ）。

A. 借贷平衡

B. 有借必有贷

C. 复式记账法

D. 资产=负债+所有者权益

7. 某企业某月月初资产总额为300万元，负债总额160万元，本月发生如下业务：①向银行借入18万元存入银行，②购买原材料一批，价税合计20万元，款已用银行存款支付，月末已入库。月末该企业的所有者权益总额应为（ ）万元。

A. 178　　B. 218

C. 180　　D. 200

8. 某企业应付账款总分类账户期初余额为10 000元，明细账分别为：甲、乙、丙三厂。其中：甲厂贷方4 000元，乙厂贷方3 500元，本期又向丙厂购入原材料一批贷款2 000元，款未付。则丙厂为（ ）。

A. 借方2 500元　　B. 贷方4 500元

C. 贷方2 000元　　D. 借方4 500元

9. 下列错误事项能通过试算平衡查找的有（ ）。

A. 某项经济业务未入账

B. 某项经济业务重复记账

C. 应借应贷账户中借贷方向颠倒

D. 应借应贷账户中金额不等

10. 下列原始凭证属于自制原始凭证的是（ ）。

A. 产品入库单

B. 增值税专用发票

C. 银行对账单

D. 职工出差取得的车船票

11. （ ）是指对全部业务不再区分收款、付款及转账业务，而将所有经济业务统一编号，在同一格式的凭证中进行记录。

A. 单式凭证　　B. 复式凭证

C. 通用记账凭证　　D. 原始凭证

12. “应交税金——应交增值税”账户的明细分类核算，其明细账的账页格式主要采用（ ）。

A. 多栏式　　B. 特定表格式

C. 三栏式　　D. 数量金额式

13. 如果企业的记账凭证正确，在记账时发生错误导致账簿记录错误，则应采用（ ）进行更正。

A. 划线更正法

B. 平行登记法

C. 补充登记法

D. 红字更正法

14. 因企业的固定资产管理不善造成固定资产盘亏，经批准核销时，应借记（ ）。

A. 固定资产　　B. 待处理财产损溢

C. 营业外支出　　D. 管理费用

15. 企业出租固定资产应收而未收到的租金就记入（ ）科目的借方。

A. 其他业务收入　　B. 固定资产清理

C. 应收账款　　D. 其他应收款

16. 企业的存货由于计量、收发错误导致的盘亏，由企业承担的部分应作为（ ）处理。

A. 营业外支出　　B. 其他业务支出

C. 坏账损失　　　　　　　　D. 管理费用

17. 年度会计财务报告在每年终了时编制，应于年度终了后（　　）对外提供。

A. 4 个月　　　　　　　　B. 15 日

C. 30 日　　　　　　　　D. 3 个月

18. 原始凭证和记账凭证的保管期限为（　　）。

A. 10 年　　　　　　　　B. 15 年

C. 20 年　　　　　　　　D. 永久

19. 对于发生自然灾害或贪污盗窃受损的财产物资进行财产清查，通常采用（　　）。

A. 定期清查　　　　　　　　B. 分期清查

C. 不定期清查　　　　　　　D. 集中清查

20. 某企业报废设备一台，原价 400 万元，已折旧 389 万元，残料估价 10 万元（已入库）支付清理费用 3 万元，则应记入营业外支出的金额为（　　）。

A. 13 万元　　　　　　　　B. 4 万元

C. 9 万元　　　　　　　　D. 3 万元

二、多项选择题（从每题给出的四个备选答案中选出两个或两个以上的正确答案，请将所选答案的字母填在题后的括号内。不选、多选、少选、错选均不得分。每题 2 分，本题共 30 分）

1. 会计科目的设置原则是（　　）。

A. 合法性原则　　　　　　　　B. 重要性原则

C. 相关性原则　　　　　　　　D. 实用性原则

2. 为了如实反映经济业务的发生完成情况，充分发挥会计的监督职能，会计机构、会计人员必须对原始凭证进行严格审核。其审核的内容包括（　　）。

A. 原始凭证的真实性、合法性

B. 原始凭证的合理性、完整性

C. 原始凭证的正确性

D. 原始凭证的及时性

3. 记账凭证按其填列方式分类分为（　　）。

A. 收款凭证　　B. 复式凭证

C. 付款凭证　　D. 单式凭证

4. 会计同时引起资产和所有者权益增加的业务是（　　）。

A. 销售商品一批，货款 80 万元，成本 30 万元，款未收

B. 投资者收回对企业的投资 3 万元，办妥手续后以银行存款返还给投资者

C. 企业接受其他组织捐赠的现金 2 万元

D. 经批准用资本公积 4 万元转增资本

5. 下列事项属于流动资产的是（　）。

A. 库存商品　　B. 待摊费用

C. 预付账款　　D. 短期投资

6. 账簿按其用途分类，分为（　）。

A. 总账账簿　　B. 分类账簿

C. 备查账簿　　D. 序时账簿

7. 企业收回货款 1 300 元存入银行，会计在记账中将金额填为13 000元并已入账。其错误的更正方法应是（　　）。

A. 划线更正法更正

B. 用红字借记“应收账款”账户 13 000 元，贷记“银行存款”13 000 元

C. 用蓝字借记“银行存款”账户 1 300 元，贷记“应收账款”1 300 元

D. 用红字借记“银行存款”账户 11 700 元，贷记“应收账款”11 700 元

8. 计算和判断企业经营成果及其盈亏状况的主要依据是（　　）。

A. 收入　　B. 支出

C. 费用　　D. 成本

9. 一般说来账户的基本结构具体包括以下内容（　　）。

A. 账户的名称

B. 记录经济业务的日期

C. 摘要和凭证的编号

D. 增加、减少的金额及余额

10. 原始凭证按照格式不同可分为（　　）。

A. 费用凭证　　B. 收款凭证

C. 付款凭证　　D. 通用凭证

11. 下列情况，可以用红字记账的有（　　）。

A. 在不设借贷等栏的多栏式账页中，登记减少数

B. 在三栏式账户的余额栏前，如果未标明余额方向的，在余额栏内登记增加数

C. 按照红字冲账的记账凭证，冲销错误记录

D. 冲销账簿中少记录的金额

12. 下列事项属于未达账项的有（　　）。

A. 银行已收，企业未收

B. 银行已付，企业已付

C. 企业未付，银行已付

D. 银行未付，企业已付

13. 我国企业财务会计报告的构成有（　　）。

A. 会计报表　　B. 会计报表附注

C. 投资者投资信息表　　D. 财务情况说明书

14. 资产负债表的“期末数”栏的资料来源包括（　　）。

A. 根据总账科目余额填列

B. 根据明细科目余额计算填列

C. 根据科目余额减去其备抵项目后的净额填列

D. 根据总账科目和明细账科目余额分析计算填列

15. 根据企业会计制度的规定，下列属于会计报表附注内容的是（　　）。

A. 关联方关系及其交易的说明

B. 不符合基本会计假设的说明

C. 重大投资、融资活动

D. 不重要资产的转让及其出售情况

三、判断题（将你认为是正确的表达在题后括号内写“√”；认为是错误的表达在题后的括号内写“×”。每题1分，本题共10分）

1. 资产是指由过去的交易、事项形成并由企业拥有或控制的资源，该资源预期会给企业带来经济利益。（　　）

2. 某一特定主体的资金运动，主要包括资金的投入和折算、循环与收回、支付与赔偿。（　　）

3. 会计科目与账户都是对会计对象具体内容的科学分类，两者口径一致，但性质不同。（　　）

4. 会计期末进行试算平衡时，如果试算平衡了，就可以说明账户记录是正确的。（　　）

5. 如果原始凭证金额有误的，应当由出具单位重开，不得在原始凭证上更正。（　　）

6. 科目汇总表账务处理程序，是以科目汇总表作为登记总账和明细账的依据。（　　）

7. 记账凭证又称单据，是指在经济业务发生或完成时取得或填制的，用以记录或证明经济业务的发生或完成情况，明确经济责任的凭据。（　　）

8. 记账凭证是登记总账的依据，原始凭证是登记明细账的原始依据。（　　）

9. 结账通常包括两个方面：一是结清各科损益类账户并结

出余额；二是结清各类资产、负债类账户的发生额合计。（ ）

10. 企业的财产清查无论什么情况，均应先通过“待处理财产损溢”账户，最后再转入“营业外收入”或“营业外支出”账户。（ ）

四、简答题（每小题5分，共10分）

1. 记账凭证需要审核哪些内容？

2. 会计档案的具体内容及保管期限的类型？

五、实务题（本题共30分）

某企业2005年12月份发生如下经济业务（均不考虑相关税费）。要求：根据经济业务编制会计分录。

（1）12月2日购入不需要安装的设备一台，价款200 000元，已用银行存款支付。

（2）12月6日购入原材料一批，价款80 000元，材料已验收入库，货款未付。

（3）12月10日获得深海公司投资180 000元，存入银行。

（4）12月15日用银行存款支付6日所购原材料的价款60 000元。

（5）12月20日向银行借入期限为9个月的借款300 000元存入银行。

（6）12月21日用盈余公积500 000元向所有者分配利润。

（7）12月23日用现金支付水电费4 000元。

（8）12月26日提取现金20 000元。

（9）12月28日生产车间领用原材料60 000元。

（10）12月30日分配工人工资10 000元，其中生产工人工资8 000元，车间管理人员工资2 000元。

（11）12月31日，用现金支付工人工资10 000元。

（12）12 月 31 日，本月销售产品一批，售价 120 000 元，成本 8 600 元。货款未收（不考虑增值税）。

（13）12 月 31 日，计算本月应交所得税（税率 33%）。

（14）12 月 31 日，结转本月损益。

（15）12 月 31 日，按税后利润的 10%，提取盈余公积。

2008 年 12 月四川省
会计从业资格考试《会计基础》试题[①]

一、单项选择题（本题共 20 题，每题 1 分，共计 20 分。从每题给出的四个备选答案中选出一个正确的答案，请将所选答案的字母填入括号内。）

1. 下列各项中，不属于会计核算详细方法的是（　　）。

A. 财产清查

B. 成本计算

C. 填制和审核会计凭证

D. 编制财务预算

2. 下列各项中，不符合收入定义要求的是（　　）。

A. 出售生产设备取得的利得

B. 出售原材料取得的销售收入

C. 提供设备安装服务取得的劳务收入

D. 出租生产设备取得的租金收入

3. 企业银行存款日记账与银行对账单的核对属于（　　）。

A. 账实核对　　B. 账账核对

C. 账证核对　　D. 账表核对

4. 下列（　　）平衡公式是编制利润表的依据。

A. 收入 = 费用 + 利润

B. 资产 - 负债 = 所有者权益

C. 资产 = 负债 + 所有者权益

D. 收入 - 费用 = 利润

① 资料来源：好考网。

5. 企业盘盈的资产，应按（　　）入账。

A. 可变现净值　　B. 历史成本

C. 重置成本　　D. 现值

6. 在科目汇总表账务处理程序下，总账登记的依据是（　　）。

A. 科目汇总表　　B. 记账凭证

C. 原始凭证　　D. 汇总记账凭证

7. 最基本的会计账务处理程序是（　　）。

A. 汇总记账凭证账务处理程序

B. 科目汇总表账务处理程序

C. 记账凭证账务处理程序

D. 日记总账账务处理程序

8. 以下项目中不影响本期“利润总额”的是（　　）。

A. 主营业务成本　　B. 主营业务收入

C. 所得税　　D. 营业税金及附加

9. 下列账户中，期末无余额的是（　　）。

A. “预付账款”账户　　B. “短期借款”账户

C. “财务费用”账户　　D. “资本公积”账户

10. 完工产品入库除涉及“生产成本”账户外，还涉及以下（　　）账户。

A. 库存商品　　B. 原材料

C. 制造费用　　D. 主营业务成本

11. 下列不属于制造费用核算内容的是（　　）。

A. 车间固定资产折旧费

B. 车间一般性的消耗

C. 车间管理人员的福利费

D. 行政管理人员的工资

12. 预收账款属于（　　）类科目。

A. 所有者权益　　B. 负债

C. 资产　　D. 成本

13. 会计主要利用的计量单位是（　　）。

A. 劳动计量　　B. 货币计量

C. 实物计量　　D. 工时计量

14. 下列属于外来原始凭证的有（　　）。

A. 折旧计算表　　B. 职工借款单

C. 收料单　　D. 银行收账通知单

15. 明细账从账簿的外表形式上看一般采用（　　）账簿。

A. 卡片式　　B. 活页式

C. 订本式　　D. 多栏式

16. 结转已售产品的成本时，“库存商品”的对应账户应为（　　）。

A. 主营业务成本　　B. 应收账款

C. 银行存款　　D. 主营业务收入

17. 在记账后，假如发现记账凭证中应借应贷科目发生错误，或科目正确但所记金额大于应计金额，应采用（　　）方法更正。

A. 补充登记法

B. 红字冲销法

C. 划线更正法

D. 以上三种中的任意一种

18. 对库存现金进行清查时，应采用的方法是（　　）。

A. 倒挤法　　B. 实地盘点法

C. 检查库存现金日记账　　D. 技术推算法

19. 在借贷记账法下，资产类账户的结构特点是（　　）。

A. 借方记增加，贷方记减少，一般无余额

B. 贷方记增加，借方记减少，余额在贷方

C. 借方记增加，贷方记减少，余额在借方

D. 贷方记增加，借方记减少，一般无余额

20. 下列资产中，流动性最差的资产一般是（ ）。

A. 固定资产　　B. 银行存款

C. 库存商品　　D. 应收账款

二、多项选择题（本题共10题，每题2分，共20分。每题均有多个正确答案，请从每题的备选答案中选出正确的答案。每题所有的答案选择正确的得分；不答、错答、漏答均不得分。）

1. 会计基本假设有（ ）。

A. 会计分期　　B. 会计主体

C. 货币计量　　D. 持续经营

2. 下列项目中，（ ）属于会计信息质量要求。

A. 相关性原则　　B. 客观性原则

C. 可比性原则　　D. 实质重于形式原则

3. 下列各项中，属于流动负债的有（ ）。

A. 预付账款　　B. 预收账款

C. 应收账款　　D. 应付票据

4. 财产清查按清查时间分为（ ）

A. 全面清查　　B. 定期清查

C. 不定期清查　　D. 局部清查

5. 下列各项，属于利润表要素的有（ ）。

A. 费用　　B. 收入

C. 所有者权益　　D. 利润

6. 会计账簿按其用途不同可以分为（ ）。

A. 分类账簿　　B. 序时账簿

C. 备查账簿　　D. 活页账簿

7. 下列账户中，（ ）与“短期借款”账户结构相同。

A. 主营业务收入　　B. 应付账款

C. 实收资本　　D. 长期借款

8. “其他业务收入”账户核算的内容包括（　　）。

A. 销售产品的收入　　B. 销售材料的收入

C. 固定资产出租收入　　D. 接受捐赠所得

9. 下列属于所有者权益的有（　　）。

A. 盈余公积　　B. 实收资本

C. 资本公积　　D. 未分配利润

10. 借贷记账法下，账户的借方登记（　　）。

A. 负债减少　　B. 资产增加

C. 费用减少　　D. 所有者权益增加

三、判定题（本题共 10 题，每题 1 分，共计 10 分。认为正确的，在题号对应的括号中写“√”；认为错误的，在题号对应的括号中写“×”。判断正确的得分，判断错误的扣分，不答不得分也不扣分。）

1. 为了及时编制会计报表，企业单位可以提前结账。（　　）

2. 利润表是反映企业某一时刻财务状况的报表。（　　）

3. 车间管理人员的工资应在“管理费用”账户中列支。（　　）

4. 记账凭证账务处理程序是最基本的一种账务处理程序，是各种账务处理程序的基础。（　　）

5. 我国大陆境内的单位，会计核算通常以人民币作为记账本位币。业务收支以外币为主的企业，也可选择某种外币作为记账本位币，但编报的财务会计报告应当折算为人民币反映。（　　）

6. “累计折旧”属于资产类账户，因此借方记增加，贷方记减少。（　　）

7. 结账之前，如果发现账簿中所记文字或数字有过账笔误

或计算错误，而记账凭证并没有错，可用划线更正法更正。 （ ）

8. 原始凭证按其来源可分为外来原始凭证和自制原始凭证。 （ ）

9. 企业出租无形资产取得的收入应在“其他业务收入”账户核算。 （ ）

10. 总分类账、现金和银行存款日记账一般都采用活页式账簿。 （ ）

四、简答题（本题共 2 题，第一题 6 分，第二题 8 分，共计 14 分。）

1. 简述总分类账户与明细分类账户的关系及其平行登记的要求。(6 分)

2. 简述科目汇总表账务处理程序。(8 分)

五、综合题（本题共计 36 分。其中：要求 1 计 22 分；要求 2 计 14 分。计算结果精确到小数点后两位）

要求：

1. 依据经济业务编制会计分录（特别说明：不考虑增值税）；

2. 依据编制的会计分录进行本期发生额及期末余额试算平衡，并将结果填入下表。

资料：某企业 2008 年 11 月份发生下列经济业务：

1. 11 月 1 日，企业向银行借期限为 6 个月的借款500 000 元。(1 分)

2. 11 月 2 日，企业购进甲材料 100 吨，单价 200 元，计 20 000元，乙材料400 吨，单价100 元，计40 000 元，款项已支付，材料已经验收入库。(1 分)

3. 11 月 5 日，销售给琳达公司 B 产品 1 000 件，单价 500

元，计 500 000 元，收到一张琳达公司开出的期限为 2 个月的商业汇票。(1 分)

4. 11 月 9 日，取得罚款净收入 3 000 元，存入银行。(1 分)

5. 11 月 11 日，以银行存款支付银行借款利息 800 元。(1 分)

6. 11 月 18 日，按合同约定，预收蓉西公司货款 18 000 元，存入银行。(1 分)

7. 11 月 23 日，从银行提现 50 000 元备发工资。(1 分)

8. 11 月 24 日，以现金 50 000 元发放工资。(1 分)

9. 11 月 26 日，收到本月营业用房出租租金现金 2 800 元。(1 分)

10. 11 月 30 日，结转本月已售 B 产品成本 200 000 元。(1 分)

11. 11 月 30 日，本月计提固定资产折旧共 4 000 元，其中：车间固定资产计提 2 500 元，行政管理部门固定资产计提1 500 元。(1 分)

12. 11 月 30 日，分配工资 50 000 元，其中：生产 A 产品工人工资 15 000 元，生产 B 产品工人工资 10 000 元，车间管理人员工资 5 000 元，企业管理人员工资 15 000 元，销售人员工资 5 000元。(1 分)

13. 按上述工资总额的 10% 计提福利费。(1 分)

14. 11 月 30 日，根据“材料发出汇总表”，仓库本月发出甲材料 10 000 元，其中 8 000 元用于 A 产品的生产，2 000 元用于 B 产品的生产；发出乙材料 8 000 元，其中 7 500 元用于 B 产品的生产，300 元车间一般耗用，200 元行政管理部门维修耗用。(1 分)

15. 11 月 30 日，根据本月“制造费用”账户发生额，计算分配 A、B 产品成本应负担的制造费用并编制相关会计分录。(假设企业发生的制造费用按照产品的生产工时比例分配，本月

A、B 产品生产工时分别为 300 工时、200 工时）（1 分）

16. 11 月 30 日，结转本月完工 A 产品成本 150 000 元，本月完工 B 产品成本 200 030 元。（1 分）

17. 11 月 30 日，结转本月出售 D 材料成本 2 000 元。（1 分）

18. 11 月 30 日，假设本月应交消费税和应交营业税共计 5 万元，按 7% 和 3% 分别计提应交城市维护建设税和教育费附加。（1 分）

19. 结转本月发生的各项损益。

（1）将收入类账户结转到“本年利润”账户（1 分）

（2）将费用支出类账户转到“本年利润”账户（1 分）

（3）计算并确认本月应交所得税，企业适用的所得税税率为 25%（假设不考虑调整因素）（1 分）

（4）结转所得税费用（1 分）

综合试算平衡表（14 分，每行 0. 5 分）

账户名称	期初余额		本期发生额		期末余额	
	借方	贷方	借方	贷方	借方	贷方
库存现金	10 000					
银行存款	500 000					
应收账款	500 000					
应收票据	100 000					
原材料	400 000					
生产成本	300 000					
制造费用						
库存商品	600 000					
固定资产	1 700 000					
累计折旧		100 000				
短期借款		200 000				

表(续)

账户名称	期初余额		本期发生额		期末余额	
	借方	贷方	借方	贷方	借方	贷方
应付账款		600 000				
预收账款						
应交税费		10 000				
应付职工薪酬		100 000				
实收资本		1 200 000				
盈余公积		500 000				
本年利润		1 400 000				
主营业务收入						
其他业务收入						
主营业务成本						
其他业务成本						
营业税金及附加						
管理费用						
销售费用						
财务费用						
所得税费用						
合计	4 110 000	4 110 000				

2009年6月四川省 会计从业资格考试《会计基础》试题[①]

一、单项选择题（本题共20小题，每小题1分，计20分。从每小题给出的四个备选答案中选出一个正确的答案，请将所选答案的字母填在题后的括号内）

1. 会计的基本职能包括（　　）。

A. 核算与监督　　B. 参与经济决策

C. 预测经济前景　　D. 评价经营业绩

2. 下列不属于企业的资金运动表现的是（　　）。

A. 资金投入　　B. 资金运用

C. 资金转移　　D. 资金退出

3. 会计等式是（　　）。

A. 资产 = 负债 + 所有者权益

B. 收入 - 费用 = 利润

C. 资产 = 负债 + 所有者权益 + 利润

D. 资产 = 负债 + 所有者权益 +（收入 - 费用）

4. 填制凭证时发生错误，应当（　　）。

A. 采用划线更正法　　B. 采用补充登记法

C. 采用重新填制　　D. 采用红字更正法

5. 单据是（　　）。

A. 记账凭证　　B. 发票

C. 记账凭单　　D. 原始凭证

6. 下列不是记账凭证的基本内容的是（　　）。

① 资料来源：好考网。

A. 记账标记　　B. 填制单位签章

C. 填制日期　　D. 凭证编号

7. 记账凭证按内容分（　　）。

A. 外来记账凭证与原始记账凭证

B. 一次凭证、累计凭证、汇总凭证

C. 复式凭证与单式凭证

D. 收款凭证、付款凭证、转账凭证

8. 某单位会计部第 8 号经济业务的一笔分录需填制两张记账凭证，则这两张凭证的编号为（　　）。

A. 8，9　　B. 91/2，92/2

C. 81/2，82/2　　D. 81/2，92/2

9. 下列账簿格式中，不属于按用途分类的是（　　）。

A. 活页账　　B. 分类账

C. 日记账　　D. 备查账

10. 三栏式账簿是设置有（　　）三个基本栏目的账簿。

A. 日期、摘要、余额　　B. 日期、借方、贷方

C. 摘要、借方、贷方　　D. 借方、贷方、余额

11. 在我国，单位一般只针对（　　）采用卡片账形式。

A. 库存商品明细账　　B. 银行存款日记账

C. 应交增值税明细账　　D. 固定资产明细账

12. 账户余额的计算公式是（　　）。

A. 期末余额 = 上期期初余额 + 本期增加发生额 − 本期减少发生额

B. 期末余额 = 期初余额 + 本期增加发生额 − 本期减少发生额

C. 期末余额 = 上期期初余额 + 本期减少发生额 − 本期增加发生额

D. 期末余额 = 期初余额 + 本期减少发生额 − 本期增加发生额

13. 下列不是常用的账务处理程序的是（ ）。

A. 原始凭证账务处理程序

B. 记账凭证账务处理程序

C. 汇总记账凭证账务处理程序

D. 科目汇总表账务处理程序

14. 不同账务处理程序的主要区别在于（ ）。

A. 登记总分类账户的依据不同

B. 会计凭证的传递方法不同

C. 登记明细分类账户的依据不同

D. 会计分工不同

15. 下列不属于财产清查方法的是（ ）。

A. 实地盘点法　　B. 发函询证

C. 技术推算法　　D. 永续盘存法

16. 编制银行存款余额调节表时，本单位银行存款调节后的余额等于（ ）。

A. 本单位银行存款余额 + 本单位已记增加而银行未记增加的账项 - 银行已记增加而本单位未记增加的账项

B. 本单位银行存款余额 + 银行已记增加而本单位未记增加的账项 - 银行已记增加而本单位未记增加的账项

C. 本单位银行存款余额 + 本单位已记增加而银行未记增加的账项 - 本单位已记增加而银行未记增加的账项

D. 本单位银行存款余额 + 银行已记减少而本单位未记减少的账项 - 银行已记增加而本单位未记增加的账项

17. 因更换出纳员而对现金进行盘点和核对，属于（ ）。

A. 全面清查和不定期清查

B. 全面清查和定期清查

C. 局部清查和不定期清查

D. 局部清查和定期清查

18. 会计分录的基本内容不包括（ ）。

A. 应记账户的名称　　B. 应记账户的方向

C. 应记账户的金额　　D. 应记入账的时间

19. 下列资产中，流动性最强的是（ ）。

A. 应收账款　　B. 应收票据

C. 其他应收款　　D. 预收账款

20. 下列保管期限为 25 年的会计档案是（ ）。

A. 银行存款余额调节表

B. 银行对账单

C. 银行存款日记账

D. 银行存款总账

二、多项选择题（本题共 10 小题，每小题 2 分，计 20 分。每小题均有多个正确答案，请从每小题给出的备选答案中选出正确的答案。每小题所有的答案选择正确的得分；不答、错答、漏答均不得分。）

1. 会计假设是（ ）。

A. 会计主体　　B. 持续经营

C. 会计分期　　D. 货币计量

2. 下列属于流动负债的是（ ）。

A. 长期借款　　B. 应付票据

C. 应付职工薪酬　　D. 所得税费用

3. 所有者权益包括（ ）。

A. 实收资本　　B. 未分配利润

C. 资本公积　　D. 盈余公积

4. 会计科目在会计核算中的重大意义是（ ）。

A. 复式记账的基础

B. 编制记账凭证的基础

C. 成本计算和财产清查的前提条件

D. 为编制会计报表提供了方便

5. 分类账户与明细分类账户平行登记要求做到（　　）。

A. 会计凭证相同　　B. 借贷方向相同

C. 会计期间相同　　D. 金额相同

6. 会计凭证的意义是（　　）。

A. 记录经济业务，提供记账依据

B. 明确经济责任，强化内部控制

C. 监督经济活动，控制经济运行

D. 汇总业务数据，编制会计报表

7. 下列情况，可以使用红色墨水记账的是（　　）。

A. 在不设借贷等栏的多栏式账页中，登记增加数

B. 在不设借贷等栏的多栏式账页中，登记减少数

C. 在三栏式账户的余额栏前，如未印明余额方向的，在余额内登记正数余额

D. 在三栏式账户的余额栏前，如未印明余额方向的，在余额内登记负数余额

8. 会计账簿的基本内容有（　　）。

A. 封面　　B. 扉页

C. 账页　　D. 标签

9. 财产清查结果处理的要求（　　）。

A. 分析产生差异的原因和性质，提出处理建议

B. 积极处理多余挤压财产，清理往来款项

C. 总结经验教训，建立健全各项管理制度

D. 及时调整账簿记录，保证账实相符

10. 资产负债表的格式主要有（　　）。

A. 单步式　　B. 账户式

C. 报告式　　D. 多步式

三、判断题（本题10小题，每小题1分，共计10分。认为正确的在题号对应的括号中写“√”；认为错误的，在题号对应的括号中写“×”。判断正确的得分，错误的扣分，不答不得分也不扣分。）

1. 会计是以货币为主要计量单位，反映和核算一个单位经济活动的一种经济管理工作。（ ）

2. 在我国，会计年度一般采用日历年度，即从每年的1月1日至12月31日为一个会计年度。（ ）

3. 所得税费用不会影响营业利润。（ ）

4. 复式记账法，是以资产与权益平衡关系作为记账基础，对于每一笔经济业务，都要在两个或两个以上的账户中相互联系地进行登记，系统地反映资金运动变化结果的一种记账方法。（ ）

5. 明细分类科目就是二级科目。（ ）

6. 总分类账户最常用的格式为三栏式。（ ）

7. 收款凭证可分为现金收款凭证和银行存款收款凭证。（ ）

8. 银行存款日记账账面余额与银行对账单的余额核对是账账核对。（ ）

9. 某企业原材料明细账由于材料品种较多，更换背后账、重新抄一遍的工作量较大，因此可以不必每年更换账簿。（ ）

10. 当年形成的会计档案，在会计年度终了后，可暂由本单位会计机构保管5年。（ ）

四、简答题（本题共3小题，第一题6分，第二题4分，第三题5分，共计15分）

1. 什么是借贷记账法下的试算平衡法？试算平衡法包括几

种方法？这几种试算平衡方法的依据是什么？

2. 账实核对包括哪些内容？

3. 企业财务会计报告如何分类？各期间财务会计报告编制的时间要求是什么？

五、业务综合题（本题共计 35 分。其中：第一题 24 分，第二题 11 分。）

1. 根据经济业务编制会计分录。

某企业 6 月发生以下经济业务：

（1）6 月 2 日，企业开出一张现金支票，从银行提取现金 30 000元，备发工资。

（2）6 月 5 日，企业向希望工程捐款 10 000 元，已转账付讫。

（3）6 月 6 日，企业收回前欠货款 200 000 元，存入开户银行。

（4）6 月 7 日，企业购入一台不需要安装的机器，入账价值为 50 000 元，货款已通过银行划转。

（5）6 月 10 日，车间主任出差参加技术培训，预借差旅费 5 600元，已现金付讫。

（6）6 月 14 日，企业购入生产用的材料一批，材料的买价是 80 000 元，入库后的挑选整理费是 200 元，运输途中的合理损耗是 2 000 元，材料已验收入库，货款尚未支付。

（7）6 月 18 日，某单位因违反销售合同，应向企业支付罚款 68 000 元，款项已经收到送存银行。

（8）6 月 22 日，用存款支付上月应缴所得税 7 000 元。

（9）6 月 25 日，企业为营销产品参展糖酒会，支付展厅柜台租用费 60 000 元，用现金付讫。

（10）6 月 26 日，车间主任参加培训归来，报销差旅费 4 200元，剩余款退回。

(11) 6 月 27 日，销售多余材料一批，价值 1 000 元，款项尚未收到。

(12) 6 月 28 日，财务部购买复印纸和墨盒，价值 300 元，用现金付讫。

(13) 6 月 29 日，企业销售产品一批，售价 620 000 元，款项尚未收到，对方开出一张商业承兑汇票抵付货款。

(14) 6 月 30 日，进行材料领用汇总。本月生产用原材料 300 000元，车间一般耗用 10 000 元，销售部耗用 5 000 元，其他管理部门耗用 1 200 元，其中，采购部耗用 500 元，财务部耗用 600 元，信息部耗用 100 元。

(15) 6 月 30 日，进行工资费用汇总。本月生产产品工人工资 32 000 元，车间管理人员工资 18 000 元，销售部门工资 20 000元，其他管理部门工资 6 000 元，其中，采购部 3 200 元，财务部耗用 2 100 元，信息部耗用 700 元。

(16) 6 月 30 日，按上述工资的 14% 计提福利费。

(17) 6 月 30 日，结转本月制造费用。

(18) 6 月 30 日，假设本月无在产品，结转完工产品成本。

(19) 6 月 30 日，结转已销产品成本 140 330 元。

(20) 6 月 30 日，结转已销多余材料成本 450 元。

(21) 6 月 30 日，结转所有收入类账户。

(22) 6 月 30 日，结转所有费用类账户。

(23) 6 月 30 日，假设本月没有纳税调整项目，按 25% 计算本月应交所得税。

(24) 6 月 30 日，结转本月所得税费用。

2. 根据上述经济业务，编制“利润表”。

第二部分 答案

第一章 总论

一、单项选择题

1. B	2. D	3. C	4. B	5. A
6. C	7. C	8. A	9. D	10. A
11. B	12. D	13. D	14. D	15. A
16. C	17. C	18. B	19. B	20. C
21. A	22. C	23. B	24. B	25. A
26. A	27. D	28. D	29. D	30. D
31. A	32. D	33. C	34. D	

二、多项选择题

1. ABCD	2. ABD	3. ABCD	4. ABCD	5. BC
6. AD	7. AC	8. ABCD	9. ABD	10. ABD
11. ABCD	12. ABC	13. ABCD	14. ABCD	15. ABC
16. AB	17. ABD	18. BC	19. ABCD	20. ABC

三、判断题

1. √	2. ×	3. ×	4. ×	5. √
6. ×	7. ×	8. √	9. ×	10. √
11. √	12. ×	13. √	14. √	15. ×
16. √	17. ×	18. ×	19. ×	20. ×

四、简答题

1.（1）会计是以货币为主要计量单位，对企事业、机关单位或其他经济组织的经济活动进行连续、系统、全面地反映和监督的一项经济管理活动。

（2）会计的特点有：以货币作为主要计量尺度；以凭证为依据，记录经济活动过程，并明确经济活动的责任；会计对经济活动所作反映是连续的、系统的、全面的、综合的；运用一系列专门方法。

2.（1）会计的职能是会计在经济管理过程中所具有的功能。

（2）会计的基本职能包括进行会计核算和实施会计监督两个方面

（3）上述两项基本会计职能是相辅相成、辩证统一的关系。会计核算是会计监督的基础，没有核算所提供的各种信息，监督就失去了依据；而会计监督又是会计核算质量的保障，只有核算、没有监督，就难以保证核算所提供信息的真实性、可靠性。

3.（1）会计方法是核算和监督会计对象，完成会计任务的手段。

（2）会计核算方法一般包括设置账户、复式记账、填制和审核凭证、登记账簿、成本计算、财产清查和编制财务会计报告等几个方面。

第二章　会计要素与会计等式

一、单项选择题

1. C	2. D	3. D	4. A	5. C
6. B	7. B	8. B	9. A	10. B
11. C	12. B	13. D	14. D	15. A
16. B	17. A	18. D	19. B	20. A
21. C	22. D	23. B	24. B	25. B
26. D	27. A	28. A	29. B	30. A

二、多项选择题

1. ABD	2. ACD	3. ABC	4. ABC	5. BCD
6. ABD	7. AB	8. ACD	9. BCD	10. ABCD
11. AD	12. ABC	13. BCD	14. AB	15. BCD
16. ABCD	17. CD	18. ABCD	19. AB	20. ABC

三、判断题

1. ×	2. ×	3. √	4. ×	5. √
6. √	7. ×	8. ×	9. √	10. ×
11. √	12. ×	13. ×	14. ×	15. ×
16. ×				

四、简答题

1. （1）会计要素是指为实现会计目标，以会计核算基本前提为基础，对会计对象进行的基本分类，它是会计核算对象的具体化，是反映会计主体财务状况、确定经营成果的基本单位。

（2）我国包括资产、负债、所有者权益、收入、费用和利润六大会计要素。

2.（1）资产是指过去的交易、事项形成的、由企业拥有或者控制的、预期会给企业带来经济利益的资源。

（2）资产具有以下特征：资产是由于过去交易或事项所产生的；资产是企业拥有或者控制的；资产会给企业带来未来经济利益。

3.（1）收入是指企业在日常活动中形成的、会导致所有者权益增加的、与所有者投入资本无关的经济利益的总流入。

（2）收入有以下特点：收入从企业的日常活动中产生，而不是从偶发的经济业务中产生；收入可能表现为企业资产的增加，也可能表现为企业负债的减少，或者二者兼而有之；收入能导致企业所有者权益的增加；收入只包括本企业经济利益的流入，不包括为第三方或客户代收的款项。

（3）收入包括销售商品收入、提供劳务收入和让渡资产使用权收入。

4.（1）经济业务也称会计事项，指在生产经营过程中发生的能以货币计量的，并能引起会计要素发生增减变化的事项。

（2）经济业务对会计方程式的影响可以概括为四种：其一，会计方程式两边同时等额增加；其二，会计方程式两边同时等额减少；其三，会计方程式左边（资产）有关项目等额的一增一减；其四，会计方程式右边（负债和所有者权益）有关项目等额的一增一减。

第三章 会计账户与复式记账

一、单项选择题

1. B 2. C 3. B 4. A 5. D
6. A 7. D 8. B 9. D 10. A
11. D 12. A 13. B 14. B 15. D
16. C 17. C 18. C 19. A 20. A
21. B 22. D 23. A 24. B 25. B
26. A 27. B 28. A 29. B 30. B
31. A 32. C 33. A 34. D 35. B

二、多项选择题

1. ABCD 2. BC 3. ACD 4. BCD 5. BCD
6. ABC 7. AD 8. AD 9. ACD 10. ABCD
11. ACD 12. ABC 13. ABCD 14. CD 15. AB
16. AD 17. AD 18. AD 19. ABCD 20. ABCD
21. ABCD 22. AC

三、判断题

1. × 2. √ 3. × 4. √ 5. ×
6. √ 7. √ 8. √ 9. √ 10. ×
11. √ 12. × 13. × 14. × 15. ×
16. √ 17. × 18. √ 19. √ 20. √

四、简答题

1. （1）二者的联系：会计账户根据会计科目设置，会计科目就是会计账户的名称。二者反映的经济（会计要素）内容相同。会计科目规定了核算的内容及核算方法；会计账户则用以具体反映特定的经济内容。

（2）二者的区别：外表形式不同：会计账户必须具有一定的格式，会计科目则没有；发挥作用不同：会计账户则是用来具体记录经济业务的工具（手段），会计科目是对会计要素具体内容分类形成的项目。

2. （1）借贷记账法是以“借”、“贷”作为记账符号，以“有借必有贷，借贷必相等”为记账原则，对每项经济业务都在两个或两个以上有关账户中相互联系地进行记录的一种复式记账方法。

（2）特点有：第一，以“借”、“贷”二字作为记账符号。第二，它把账户分为资产（费用）和负债及所有者权益类（收入）两大类。第三，资产（费用）类账户与负债及所有者权益（收入）类账户有着相反有结构，即资产（费用）类账户增加数在借方，减少数在贷方；负债及所有者权益（收入）类账户增加数在贷方，减少数在借方。第四，记账规则是“有借必有贷，借贷必相等”。

3. （1）所谓的试算平衡指的是根据“资产 = 负债 + 所有者权益”的恒等关系以及借贷记账法的记账规则，检查和验证所有账户记录是否正确的一种方法，

（2）试算平衡法包括发生额试算平衡法和余额试算平衡法两种方法。

（3）发生额试算平衡法的依据是：借贷记账规则，即“有借必有贷，借贷必相等”；余额试算平衡法的依据是：会计基本等式，即“资产 = 负债 + 所有者权益”。

第四章 制造企业主要经济业务的核算

一、单项选择题

1. A 2. B 3. B 4. B 5. B
6. A 7. D 8. C 9. A 10. B
11. A 12. B 13. A 14. C 15. D
16. D 17. B 18. D 19. B 20. D
21. D 22. B 23. C 24. C 25. D
26. A 27. B 28. A 29. D 30. B
31. B 32. B 33. C 34. B 35. D
36. C 37. A 38. D 39. B 40. D
41. B 42. D

二、多项选择题

1. ABC 2. CD 3. ABCD 4. ABCD 5. ABD
6. ACD 7. ABCD 8. ABCD 9. ABC 10. ABD
11. ABC 12. AD 13. BCD 14. ABD 15. ACD
16. BCD 17. ABCD 18. BD 19. BCD 20. ABC

三、判断题

1. × 2. × 3. √ 4√ 5. ×
6. √ 7. √ 8. × 9. × 10. √
11. × 12. √ 13. √ 14√ 15. ×
16. × 17. √ 18. ×

第五章 会计凭证

一、单项选择题

1. B	2. C	3. A	4. B	5. B
6. D	7. A	8. B	9. A	10. C
11. C	12. A	13. D	14. D	15. C
16. A	17. A	18. D	19. A	20. D
21. C	22. D	23. D	24. B	25. B
26. C	27. B	28. C	29. C	30. B
31. C	32. D			

二、多项选择题

1. AB	2. BCD	3. AB	4. ACD	5. AD
6. CD	7. ABD	8. BC	9. CD	10. ABC
11. ABC	12. ABC	13. ABCD	14. BD	15. BD
16. CD	17. ABD	18. ABCD	19. ABD	20. ABC

三、判断题

1. ×	2. ×	3. √	4. ×	5. ×
6. ×	7. ×	8. ×	9. ×	10. ×
11. √	12. ×	13. √	14. ×	15. ×
16. ×	17. √	18. ×	19. √	20. ×

四、简答题

1. (1) 会计凭证是记录经济业务，明确经济责任，作为记账依据的书面证明。

（2）会计凭证按其填制的程序和用途，可以分为原始凭证和记账凭证两类。原始凭证按其来源又可以分为外来凭证和自制凭证两种。自制原始凭证按其填制和使用方法的不同，又可以分为一次凭证、累计凭证和汇总原始凭证。记账凭证按其使用方法的不同，可以分为单式记账凭证和复式记账凭证两种。复式记账凭证按其适用的经济业务，又可以分为专用记账凭证和通用记账凭证两种。专用记账凭证通常又有收款凭证、付款凭证和转账凭证，分别适用于收款业务、付款业务和转账业务。

2.（1）原始凭证是在经济发生时所取得或填制的、用来记录经济业务内容、明确经济责任的书面证明，是记账的原始凭据。原始凭证应具备的内容包括：①填制单位的名称；②凭证的名称和编号；③填制凭证的日期；④接受凭证单位的名称（抬头）；⑤经济业务内容摘要；⑥经济业务的数量、单价、金额；⑦经办人员的签名或盖章。

（2）审核原始凭证的真实性；审核原始凭证的合法性；审核原始凭证的合理性；审核原始凭证的完整性；审核原始凭证的正确性；审核原始凭证的及时性。

3.（1）记账凭证是由会计部门根据原始凭证填制的确定会计分录、作为记账直接依据的会计凭证。记账凭证的基本内容是：①编制单位的名称；②记账凭证的名称；③填制的日期；④凭证的编号；⑤经济业务内容的摘要；⑥应借、应贷账户的名称和金额；⑦所附原始凭证的张数；⑧经办人和审核人的签章。

（2）内容是否真实；项目是否齐全；科目是否正确；金额是否正确；书写是否正确。

第六章 账簿

一、单项选择题

1. C 2. C 3. A 4. C 5. B
6. B 7. A 8. A 9. B 10. C
11. D 12. D 13. C 14. B 15. C
16. B 17. D 18. B 19. C 20. B
21. C 22. C 23. B 24. B 25. C

二、多项选择题

1. ABC 2. ABD 3. BC 4. ABD 5. ACD
6. BCD 7. ABCD 8. AB 9. ABCD 10. ACD
11. AD 12. BDE 13. ABC 14. ABCD 15. BCD
16. ABC 17. ACD 18. AC 19. DE 20. ABD
21. ABC 22. ACDE 23. ABCD 24. ABCDE 25. BC

三、判断题

1. √ 2. √ 3. × 4. √ 5. ×
6. × 7. × 8. √ 9. × 10. ×
11. √ 12. × 13. × 14. √ 15. √
16. × 17. √ 18. √ 19. √ 20. √
21. √ 22. × 23. × 24. √ 25. ×
26. ×

三、简述题

1.（1）序时账簿：又称日记账，是按照经济业务发生或完成时间的先后顺序逐日逐笔进行登记的账簿。序时账簿是会计部门按照收到会计凭证号码的先后顺序进行登记的。序时账簿按其记录内容的不同，又分为普通日记账和特种日记账两种。普通日记账是将企业每天发生的所有经济业务，不论其性质如何，按其先后顺序，编成会计分录记入账簿；特种日记账是按经济业务性质单独设置的账簿，它只把特定项目按经济业务顺序记入账簿，反映其详细情况，如库存现金日记账和银行存款日记账。

（2）分类账簿：对全部经济业务事项按照会计要素的具体类别而设置的分类账户进行登记的账簿。按其提供核算指标的详细程度不同，又分为总分类账和明细分类账。总分类账，简称总账，是根据总分类科目开设账户，用来登记全部经济业务，进行总分类核算，提供总括核算资料的分类账簿。明细分类账，简称明细账，是根据明细分类科目开设账户，用来登记某一类经济业务，进行明细分类核算，提供明细核算资料的分类账簿。

（3）备查账簿：又称辅助账簿，是对某些在序时账簿和分类账簿等主要账簿中都不予登记或登记不够详细的经济业务事项进行补充登记时使用的账簿。它可以对某些经济业务的内容提供必要的参考资料。备查账簿的设置应视实际需要而定，并非一定要设置，而且没有固定格式。如设置租入固定资产登记簿、代销商品登记簿等。

2.（1）两栏式账簿：只有借方和贷方两个基本金额的账簿。（各种收入、费用类账户都可以采用两栏式账簿）（2）三栏式账簿：设有借方、贷方和余额三个基本栏目的账簿。（日记账、总分类账、资本、债权、债务明细账）（3）多栏式账簿：在账簿的两个基本栏目及借方和贷方按需要分设若干专栏的账簿。（收入、费用明细账）（4）数量金额式账簿：借方、贷方和金额三个栏目内都分设数量、单价和金额三小栏，借以反映财产物资的实物数量和价值量。（原材料、库存商品、产成品等明细账通常采用数量金额式账簿）（5）横线登记式账簿：在同一张账页的同一行，记录某一项经济业务从发生到结束的相关内容。

3.（1）登记账簿时，应当将会计凭证日期、编号、业务内容摘要，金额和其他有关资料逐项记入账内，同时记账人员要在记账凭证上签名或者盖章，并注明已经登账的符号（如打“√”），防止漏记、重记和错记情况的发生。（2）各种账簿要按账页顺序连续登记，不得跳行、隔页。如发生跳行、隔页，应将空行、空页划线注销，或注明“此行空白”或“此页空白”字样，并由记账人员签名或盖章。（3）登记账簿时，要用蓝黑墨水或者碳素墨水书写。不得用圆珠笔（银行的复写账簿除外）或者铅笔书写。红色墨水只能用于制度规定的“按红字冲账的记账凭证、在不设减少金额栏的多栏式账页中，登记减少数、在三栏式账户的余额栏前，如未印明余额方向的，在余额栏内登记负数金额”等情况。（4）记账要保持清晰、整洁，记账文字和数字要端正、清楚、书写规范，一般应占账簿格距的二分之一，以便留有改错的空间。（5）凡需结出余额的账户，应当定期结出余额。现金日记账和银行存款日记账必须每天结出余额。结出余额后，应在“借或贷”栏内写明“借”或“贷”的字样。没有余额的账户，应在该栏内写“平”字并在余额栏“元”位上用“0”表示。（6）每登记满一张账页结转下页时，应当结出本页合计数和余额，写在本页最后一行和下页第一行有关栏内，并在本页的摘要栏内注明“转后页”字样，在次页的摘要栏内注明“承前页”字样。

4. 更正错账的方法有：划线更正法、红字更正法、补充登记法。

（1）划线更正法：在结账以前，如果发现账簿记录有错误，而记账凭证没有错误，仅属于记账时文字或数字上的笔误，应采用划线更正法。更正的方法是：先将错误的文字或数字用一条红色横线划去，表示注销；再在划线的上方用蓝色字迹写上正确的文字或数字，并在划线处加盖更正人图章，以明确责任。

（2）红字更正法：由于记账凭证错误而使账簿记录发生错误，而用红字冲销原记账凭证，以更正账簿记录的一种方法。红字更正法适用于以下两种情况：一是记账以后，如果发现账簿记录的错误，是因记账凭证中的应借、应贷会计科目或记账方向有错误而引起的，应用红字更正法进行更正。更正的方法是：先用红字金额填写一张会计科目与原错误记账凭证完全相同的记账凭证，在“摘要”栏中写明“冲销错账”以及错误凭证的号数和日期，并据以用红字登记入账，以冲销原来错误的账簿记录；然后再用蓝字或黑字填写一张正确的记账凭证，在“摘要”栏中写明“更正错账”以及冲账凭证的号数和日期，并据以用蓝字或黑字登记入账。二是记账以后，如果发现记账凭证和账簿记录的金额有错误（所记金额大于应记的正确金额），而应借、应贷的会计科目没有错误，应用红字更正法进行更正。更正的方法是：将多记的金额用红字填制一张记账凭证，而应借、应贷会计科目与原错误记账凭证相同，在“摘要”栏写明“冲销多记金额”以及原错误记账凭证的号数和日期，并据以登记入账，以冲销多记的金额。

（3）补充登记法：记账以后，如果发现记账凭证和账簿记录的金额有错误（所记金额小于应记的正确金额），而应借、应贷的会计科目没有错误，应用补充登记法进行更正。更正的方法是：将少记的金额用蓝字或黑字填制一张应借、应贷会计科目与原错误记账凭证相同的记账凭证，在“摘要”栏中写明“补充少记金额”以及原错误记账凭证的号数和日期，并据以登记入账，以补充登记少额。

5. 结账时，不同的账户记录应分别采用不同的方法：①月结。每月结账时，应在各账户本月份最后一笔记录下面划一条通栏红线，表示本月结束；然后，在红线下面结出本月发生额和月末余额，如果没有余额，在余额栏内写上“平”或“0”符号。同时，在摘要栏内注明“本月合计”或“×月份发生额及余额”字样，最后，再在下面划一条通栏红线，表示完成月结工作。②季结。季结的结账方法与月结基本相同，但在摘要栏内注明“本季合计”或“第×季度发生额及余额”字样。③年结。办理年结时，应在12月份月结下面（需办理季结的，应在第四季度的季结下面）结算填列全年12个月的月结发生额和年末余额，如果没有余额，在余额栏内写上“平”或“0”符号，并在摘要栏内注明“本年合计”或“年度发生额及余额”字样；然后，将年初借（贷）方余额抄列于下一行的借（贷）方栏内，并在摘要栏内注明“年初余额”字样，同时将年末借（贷）方余额再列入下一行的贷（借）方栏内，在摘要栏内注明“结转下年”字样；最后，分别加计借贷方合计数，并在合计数下面划通栏双红线表示封账，完成了年结工作。需要更换新账的，应在新账有关账户的第一行摘要栏内注明“上年结转”或“年初余额”字样，并将上年的年末余额以相同方向记入新账中的余额栏内。

第七章　会计核算程序

一、单项选择题

1. C　2. A　3. B　4. B　5. D
6. C　7. C　8. A　9. C　10. D
11. D　12. B

二、多项选择题

1. BD　2. ABD　3. ABCD　4. BC　5. AD
6. BD　7. ABC　8. AC　9. ABDE　10. ABCD

三、判断题

1. ×　2. ×　3. √　4. ×　5. ×
6. √　7. ×　8. ×　9. √　10. √
11. √　12. ×

四、简答题

1.（1）会计核算程序又称会计核算形式或账务处理程序，是指凭证和账簿组织、记账程序和方法相互结合的组织形式。

（2）我国各经济单位采用的会计核算程序一般有以下六种：

①记账凭证核算程序；

②科目汇总表核算程序；

③多栏式日记账核算程序；

④汇总记账凭证核算程序；

⑤日记总账核算程序；

⑥通用日记账核算程序。

2. （1）记账凭证账务处理程序是指对会计主体发生的每项经济业务，根据原始凭证或原始凭证汇总表编制记账凭证，再直接根据记账凭证逐笔登记总分类账的一种账务处理程序。

（2）记账凭证账务处理程序步骤：

①根据原始凭证编制汇总原始凭证。

②根据各种原始凭证或汇总原始凭证，编制记账凭证（包括收款凭证、付款凭证和转账凭证）。

③根据收款凭证、付款凭证逐笔登记现金日记账和银行存款日记账。

④根据原始凭证、汇总原始凭证和记账凭证，登记各种明细分类账。

⑤根据记账凭证逐笔登记总分类账。

⑥月终，将现金日记账、银行存款日记账的余额，以及各种明细分类账户余额合计数，分别与总分类账中有关科目的余额核对相符。

⑦月终，根据核对无误的总分类账和各种明细分类账的记录，编制会计报表。

（3）适用范围：记账凭证会计核算程序一般只适用于一些规模小，业务量少，记账凭证不多的单位。

（4）采用记账凭证核算形式的优点是：①直接根据记账凭证登记总账，会计核算程序简单明了，记账层次清楚，易学易懂；②手续简便，由于根据记账凭证直接登记总分类账，通过总账能直接反映经济业务和完成情况，且不进行中间汇总，省去了汇总手续；③总分类账记录详细，用账、查账方便，对于一些不经常发生经济业务的会计科目，可以不设置明细分类账，只需在总分类账有关科目的摘要栏中，对经济业务加以说明即可，使总分类账的一些会计科目的摘要记录起到了明细分类账的作用。缺点：由于总分类账是直接根据记账凭证逐笔登记的，当会计主体的经济业务量比较大时，登记总分类账的工作量就很大，因此不便于分工协作，也不利于提高会计工作效率。

3.（1）汇总记账凭证核算形式就是定期根据收款凭证、付款凭证和转账凭证，按照账户的对应关系进行汇总，分别编制汇总收款凭证、汇总付款凭证和汇总转账凭证，然后根据各种汇总记账凭证登记总分类账的一种核算形式。

（2）汇总记账凭证账务处理程序步骤：

①根据原始凭证或汇总原始凭证编制收款凭证、付款凭证和转账凭证。

②根据收款凭证和付款凭证，登记现金日记账和银行存款日记账。

③根据各种记账凭证并参考原始凭证或汇总原始凭证，登记各种明细分类账。

④根据收款凭证、付款凭证和转账凭证分别定期编制汇总收款凭证、汇总付款凭证和汇总转账凭证。

⑤根据汇总收款凭证、汇总付款凭证和汇总转账凭证登记总分类账。

⑥期末，将现金日记账、银行存款日记账以及各明细分类账的余额与总分类账中各相关账户的余额进行核对，并进行试算平衡。

⑦期末，根据总分类账和明细分类账的有关数据编制会计报表。

（3）适用范围：这种会计核算程序对于经营规模小、经济业务少的单位是不适用的，只适用于规模较大，业务量较多尤其是同类型业务量较多的企业。

（4）采用汇总记账凭证核算形式的优点是：①汇总记账凭证核算形式的优点是把一定时期内的全部记账凭证进行归类和汇总编制汇总记账凭证，再根据汇总记账凭证期末登记总分类账，与记账凭证会计核算程序相比较，可以大大减少登记总分类账的工作量，提高会计核算工作效率；②由于汇总记账凭证根据每个科目的对方科目进行归类、汇总编制，能够明确反映账户之间的对应关系，由此反映经济业务的来龙去脉，因而便于分析、检查经济活动情况，便于对账、查账。缺点：汇总转账凭证是按每一贷方科目设置的，而不是按经济业务的性质归类、汇总的，这种分类汇总不利于会计日常核算的合理分工，当转账凭证数量很多时，编制汇总转账凭证的工作量较大。

4.（1）科目汇总表会计核算程序又叫记账凭证汇总表会计核算程序，就是根据记账凭证定期汇总编制科目汇总表，并据以登记总分类账的一种会计核算形式。

（2）科目汇总表账务处理程序步骤：

①按复式记账原理，根据各种原始凭证或汇总原始凭证编制收款凭证、付款凭证和转账凭证；也可编制通用格式的记账凭证。

②根据库存现金和银行存款的收款凭证、付款凭证，按经济业务发生时间的先后顺序，逐日逐笔登记现金日记账和银行存款日记账。

③按经济业务所涉及的账户，根据原始凭证或汇总原始凭证、各种记账凭证，逐笔登记各种明细分类账。

④根据各种记账凭证每日或定期汇总编制科目汇总表。

⑤按经济业务所涉及的账户，根据科目汇总表每日或定期登记总分类账。

⑥会计期末将现金日记账、银行存款日记账、各种明细分类账的余额与总分类账的余额相核对，并进行试算平衡；

⑦会计期末根据总分类账和明细分类账的账簿资料，按照规定的格式和要求，编制会计报表。

（3）适用范围：科目汇总表会计核算程序适用于规模较大、经济业务频繁、记账凭证数量多的单位。

（4）采用科目汇总表核算形式的优点是：①由于科目汇总

表会计核算程序是根据科目汇总表登记总账，每一个总分类账户每月只登记一次或几次，对于经济业务量比较大，记账凭证较多的单位来说，能大大地减少登记总分类账的工作量；②科目汇总表汇总方法简单、操作方便，并可根据各账户本期借贷方发生额合计数试算平衡，检查记账凭证的填制和汇总是否正确，可以大大降低登记总账的错误，保证总账的质量。缺点：①由于科目汇总表只按科目进行汇总，不反映科目间的对应关系，因此不便于了解分析具体经济业务的来龙去脉，不利于查找错账；②由于总分类账登记的是汇总数字，也看不出经济业务的内容，因而降低了总分类账所提供资料的可用性。

第八章　财务会计报告

一、单项选择题

1. A	2. B	3. C	4. B	5. D
6. C	7. D	8. B	9. A	10. A
11. C	12. B	13. B	14. C	15. A
16. C	17. D	18. D	19. A	20. C
21. C	22. A	23. B	24. C	25. A
26. D	27. C	28. B	29. D	30. C

二、多项选择题

1. ABCD	2. ACDE	3. ABCDE	4. ABCD	5. BC
6. ABCD	7. ABC	8. BC	9. ABD	10. ABCE
11. BCD	12. BCDE	13. AC	14. BCE	15. ABCDE
16. ABCD	17. ABC	18. ABCD	19. ABCD	20. BCD

三、判断题

1. ×	2. √	3. ×	4. √	5. ×
6. √	7. ×	8. ×	9. √	10. ×
11. √	12. ×	13. ×	14. √	15. ×
16. ×	17. ×	18. √	19. ×	20. ×

四、简答题

1.（1）财务会计报告简称财务报告，是指企业对外提供的反映企业某一特定日期财务状况和某一会计期间经营成果、现金流量等会计信息的文件。

（2）财务报表：资产负债表、利润表、现金流量表、所有者权益（或股东权益）变动表以及附注；其他应当在财务会计报告中披露的相关信息和资料。

2. 真实可靠；相关可比；全面完整，编报及时；便于理解。

第九章 财产清查

一、单项选择题

1. B	2. D	3. B	4. D	5. A
6. D	7. D	8. C	9. C	10. D
11. A	12. A	13. D	14. B	15. A
16. C	17. D	18. B	19. A	20. B
21. D	22. C	23. A	24. C	25. C
26. C	27. A	28. D	29. B	30. D
31. C	32. B	33. D	34. D	35. C

二、多项选择题

1. ABCD	2. ABCD	3. CD	4. ABC	5. BCD
6. BCD	7. ABCD	8. ABCD	9. ABCD	10. ABD
11. ABCD	12. ABC	13. BD	14. CD	15. AD
16. ABCD	17. BD	18. CD	19. BCD	20. ABC
21. ABD	22. BC	23. BCD	24. BC	25. ABCD
26. AD	27. AB	28. AC	29. AD	30. CD
31. ABC	32. BCD	33. CD	34. AD	

三、判断题

1. ×	2. ×	3. ×	4. √	5. √
6. √	7. ×	8. ×	9. √	10. ×
11. ×	12. ×	13. ×	14. ×	15. ×
16. ×	17. ×	18. ×	19. ×	20. ×

21. × 22. √ 23. × 24. × 25. ×
26. × 27. × 28. × 29. × 30. √
31. × 32. √ 33. √ 34. × 35. √
36. √ 37. √ 38. × 39. ×

四、简述题

1. 确定财产物资账面结存的方法有：①永续盘存制。永续盘存制亦称账面盘存制。采用这种方法，平时对各项财产物资的增加数和减少数，都要根据会计凭证连续记入有关账簿，并且随时结出账面余额。②实地盘存制。不同于永续盘存制。采用这种方法，平时只根据会计凭证在账簿中登记财产物资的增加数，不登记减少数，到月末，对各项财产物资进行盘点，根据实地盘点所确定的实存数，倒挤出本月各项财产物资的减少数。

清查财产物资的方法有：①实地盘点。实地盘点是指在财产物资堆放现场进行逐一清点数量或用计量仪器确定实存数的一种方法。②技术推算盘点。技术推算盘点是利用技术方法，如量方计尺等对财产物资的实存数进行推算的一种方法。

2. 现金的清查：通过实地盘点的方法，确定库存现金的实存数，再与现金日记账的账面余额核对，以查明盈亏情况。在进行现金清查时，为了明确经济责任，出纳员必须在场，在清查过程中不能用白条抵库，也就是不能用不具有法律效力的借条，收据等抵充库存现金。现金盘点后，应根据盘点的结果及与现金日记账核对的情况，填制“现金盘点报告表”。

银行存款的清查，采用与开户银行核对账目的方法进行，即将本单位的银行存款日记账与开户银行转来的对账单逐笔进行核对。但即使双方记账都没有错误，银行存款日记账的余额和银行对账单的余额也往往不一致。这种不一致的原因一是由于某一方记账有错误；二是存在未达账项。

（3）结算往来款项的清查方法：各种计算往来款项一般采取“函证核对法”进行清查，即通过证件同对方经济往来单位核对账目的方法。本单位按每一个经济往来单位编制“往来款项对账单”（一式两份，其中一份作为回联单）送往各经济往来单位，对方经过核对相符后，在回联单上加盖公章退回，表示已核对；如果经核对数字不相符，对方应在回联单上注明情况，或另抄对账单退回本单位，进一步查明原因，再行核对，知道相符为止。

3.（1）会计处理程序：在会计处理时应分两步进行，首先应将已查明的财产盘盈数，根据有关原始凭证编制有关记账凭证，并据以登记有关账簿，以保证账实相符。如库存现金盘点报告表、存货盘点盈亏报告单等。其次按盘盈发生的原因和报经批准的结果，根据有关审批意见及书面文件编制记账凭证，并据以登记入账，作最后的会计处理。

（2）应用的损益科目：一般地，对于盘盈的固定资产，作为对以前期间的会计差错，使用以前年度损益调整。

（3）应用过渡科目“待处理财产损溢”：为反映和监督在财产清查中查明的各种财产物资盘盈、盘亏和毁损及其处理情况，应设置“待处理财产损溢”账户。本账户可设“待处理财产损溢——待处理流动资产损溢”和“待处理财产损溢——待处理固定资产损溢”两个明细账户。该账户借方登记待处理的盘亏、毁损数，及经批准后待处理财产盘盈的转销数；贷方登记待处理的盘盈数，及经批准后的待处理财产盘亏、毁损的转销数。若余额在借方，表示尚待批准处理的财产盘亏和毁损数；若余额在贷方，表示尚待批准处理的财产盘盈数。

（4）清查结果的会计处理：当原材料、产成品、现金发生盘盈时，将盘盈的金额借记原材料、库存商品、现金，盘盈固定资产的原值借记固定资产，估计的已折旧金额贷记累计折旧，同时，将原材料、库存商品和现金的金额，以及固定资产和累计折旧之间的差额，贷记待处理财产损溢，待处理财产损溢经过批准后，就转入管理费用或营业外收入的贷方，即使在编制报表日未经批准，也应先按此处理。

2008年6月四川省会计从业资格考试《会计基础》参考答案[①]

一、单项选择题

1. C	2. B	3. B	4. B	5. A
6. D	7. A	8. B	9. D	10. A
11. C	12. A	13. A	14. C	15. A
16. D	17. A	18. B.	19. C	20. A

二、多项选择题

1. ABCD	2. ABCD	3. BD	4. AC	5. ABCD
6. BCD	7. ABC	8. AC	9. ABCD	10. BCD
11. AC	12. ABCD	13. ABD	14. ABCD	15. ABC

三、判断题

1. √	2. ×	3. ×	4. ×	5. √
6. ×	7. ×	8. ×	9. ×	10. ×

四、简答题

1. （1）内容是否真实；

（2）项目是否齐全；

（3）科目是否正确；

（4）金额是否正确；

（5）书写是否正确。

① 资料来源：好考网。

2.（1）会计凭证类：原始凭证 15 年；记账凭证 15 年；汇总凭证 15 年。

（2）会计账簿类：总账 15 年；明细账 15 年；日记账 15 年，现金和银行存款日记账保管 25 年；固定资产卡片，固定资产报废清理后保管 5 年；辅助账簿 15 年。

（3）财务报告类包括各级主管部门汇总财务报告：月、季度财务报告 3 年，包括文字分析；年度财务报告（决算）永久，包括文字分析。

（4）其他类：会计移交清册 15 年；会计档案保管清册永久；会计档案销毁清册永久；银行余额调节表 5 年；银行对账单 5 年。

五、实务题

1. 借：固定资产 200 000
   贷：银行存款 200 000
2. 借：原材料 80 000
   贷：应付账款 80 000
3. 借：银行存款 180 000
   贷：实收资本 180 000
4. 借：应付账款 60 000
   贷：银行存款 60 000
5. 借：银行存款 300 000
   贷：短期借款 300 000
6. 借：盈余公积 500 000
   贷：利润分配 500 000
7. 借：管理费用 4 000
   贷：库存现金 4 000
8. 借：库存现金 20 000
   贷：银行存款 20 000

9. 借：制造费用　60 000
　贷：原材料　60 000

10. 借：生产成本　8 000
　　制造费用　2 000
　贷：应付职工薪酬　10 000

11. 借：应付职工薪酬　10 000
　贷：库存现金　10 000

12. 借：应收账款　120 000
　贷：主营业务收入　120 000
借：主营业务成本　8 600
　贷：库存商品　8 600

13. 借：所得税费用　35 442
　贷：应交税费　35 442

14. 借：本年利润　48 042
　贷：主营业务成本　8 600
　　管理费用　4 000
　　所得税费　35 442
借：主营业务收入　120 000
　贷：本年利润　120 000

15. 借：利润分配　7 195.8
　贷：盈余公积　7 195.8

2008年12月四川省会计从业资格考试《会计基础》参考答案[①]

一、单项选择题

1. D　2. A　3. A　4. D　5. C
6. A　7. C　8. C　9. C　10. A
11. D　12. B　13. B　14. D　15. B
16. A　17. B　18. B　19. C　20. A

二、多项选择题

1. ABCD　2. ABCD　3. BD　4. BC　5. ABD
6. ABC　7. BCD　8. BC　9. ABCD　10. AB

三、判断题

1. ×　2. ×　3. ×　4√　5. √
6. ×　7. √　8. √　9. √　10. ×

四、简答题

1. 平行登记，即是将同一笔经济业务，一方面计入总账账户，另一方面也同样计入其所属的明细账账户。但对无明细账户的，不必要在总账外再设明细账，避免重复登记。平行登记的要求，即三同：①平行登记的金额必须相等；②平行登记的记账方向必须相同；③平行登记的原始依据必须一致。

2. （1）科目汇总表会计核算程序又叫记账凭证汇总表会计

① 资料来源：好考网。

核算程序，就是根据记账凭证定期汇总编制科目汇总表，并据以登记总分类账的一种会计核算形式。

（2）科目汇总表账务处理程序步骤：

①按复式记账原理，根据各种原始凭证或汇总原始凭证编制收款凭证、付款凭证和转账凭证；也可编制通用格式的记账凭证。

②根据库存现金和银行存款的收款凭证、付款凭证，按经济业务发生时间的先后顺序，逐日逐笔登记现金日记账和银行存款日记账。

③按经济业务所涉及的账户，根据原始凭证或汇总原始凭证、各种记账凭证，逐笔登记各种明细分类账。

④根据各种记账凭证每日或定期汇总编制科目汇总表。

⑤按经济业务所涉及的账户，根据科目汇总表每日或定期登记总分类账。

⑥会计期末将现金日记账、银行存款日记账、各种明细分类账的余额与总分类账的余额相核对，并进行试算平衡；

⑦会计期末根据总分类账和明细分类账的账簿资料，按照规定的格式和要求，编制会计报表。

五、综合题

1. 借：银行存款　500 000
　　贷：短期借款　500 000
2. 借：原材料　60 000
　　贷：银行存款　60 000
3. 借：应收票据　500 000
　　贷：主营业务收入　500 000
4. 借：银行存款　3 000
　　贷：营业外收入　3 000
5. 借：财务费用　800

贷：银行存款 800

6. 借：银行存款 18 000

贷：预收账款 18 000

7. 借：库存现金 50 000

贷：银行存款 50 000

8. 借：应付职工薪酬——工资 50 000

贷：库存现金 50 000

9. 借：库存现金 2 800

贷：其他业务收入 2 800

10. 借：主营业务成本 200 000

贷：库存商品 200 000

11. 借：制造费用 2 500

管理费用 1 500

贷：累计折旧 4 000

12. 借：生产成本——A 产品 15 000

——B 产品 10 000

制造费用 5 000

管理费用 15 000

销售费用 5 000

贷：应付职工薪酬——工资 50 000

13. 借：生产成本——A 产品 1 500

——B 产品 1 000

制造费用 500

管理费用 1 500

销售费用 500

贷：应付职工薪酬——福利费 5 000

14. 借：生产成本——A 产品 8 000

——B 产品 9 500

制造费用 300

管理费用　　200
贷：原材料　　18 000
15. 借：生产成本——A 产品　　4 980
——B 产品　　3 320
贷：制造费用　　8 300
16. 借：库存商品——A 产品　　150 000
——B 产品　　200 030
贷：生产成本　　350 030
17. 借：其他业务成本　　2 000
贷：原材料　　2 000
18. 借：营业税金及附加　　5 000
贷：应交税费　　5 000
19. 借：主营业务收入　　500 000
其他业务收入　　2 800
营业外收入　　3 000
贷：本年利润　　505 800
借：本年利润　　226 500
贷：主营业务成本　　200 000
其他业务成本　　2 000
管理费用　　18 200
财务费用　　800
营业税金及附加　　5 000
销售费用　　500
借：所得税费用　　69 825
贷：应交税费　　69 825
借：本年利润　　69 825
贷：所得税费用　　69 825

2009 年 6 月四川省会计从业资格考试《会计基础》参考答案[①]

一、单项选择题

1. A	2. C	3. A	4. C	5. D
6. B	7. D	8. C	9. A	10. D
11. D	12. B	13. A	14. A	15. D
16. B	17. C	18. D	19. B	20. C

二、多项选择题

1. ABCD	2. BC	3. ABCD	4. ABCD	5. ABCD
6. ABCD	7. BD	8. ABC	9. ABCD	10. BC

三、判断题

1. ×	2. √	3. √	4. √	5. ×
6. √	7. √	8. ×	9. ×	10. ×

四、简答题

1.（1）所谓的试算平衡指的是根据“资产 = 负债 + 所有者权益”的恒等关系以及借贷记账法的记账规则，检查和验证所有账户记录是否正确的一种方法。

（2）试算平衡法包括发生额试算平衡法和余额试算平衡法两种方法。

（3）发生额试算平衡法的依据是：借贷记账规则，即“有

---

① 资料来源：好考网。

借必有贷，借贷必相等”；余额试算平衡法的依据是：会计基本等式，即“资产＝负债＋所有者权益”

2. 账实核对是指各项财产物资、债权债务等账面余额与实有数额之间的核对。包括：

（1）现金日记账账面余额与库存现金数额是否相符；

（2）银行存款日记账账面余额与银行对账单的余额是否相符；

（3）各项财产物资明细账账面余额与财产物资的实有数额是否相符；

（4）有关债权债务明细账账面余额与对方单位的账面记录是否相符。

3. 企业财务会计报告包括会计报表及其附注和其他应当在财务会计报告中披露的相关信息和资料。会计报表至少应当包括资产负债表、利润表、现金流量表等报表，月度财务会计报告至少应当包括资产负债表和利润表，中期财务报告至少应当包括资产负债表、利润表、现金流量表和附注。月度中期财务会计报告应当于月度终了后 6 天内（节假日顺延）对外提供。季度中期财务会计报告应当于季度终了后 15 天内（节假日顺延）对外提供。

半年度中期财务会计报告应当于半年度中期结束后两个月内对外提供。年度财务会计报告至少应当反映两个年度的比较数据。且应于年度终了后 4 个月内对外提供。

五、业务综合题

1. （1）借：库存现金　30 000
　　贷：银行存款　30 000
（2）借：营业外支出　10 000
　　贷：银行存款　10 000
（3）借：银行存款　200 000

贷：应收账款 200 000

(4) 借：固定资产 50 000

贷：银行存款 50 000

(5) 借：其他应收款 5 600

贷：库存现金 5 600

(6) 借：原材料 80 200

贷：应付账款 80 000

应付职工薪酬 200

(7) 借：银行存款 68 000

贷：营业外收入 68 000

(8) 借：应交税费——应交所得税 7 000

贷：银行存款 7 000

(9) 借：销售费用 60 000

贷：库存现金 60 000

(10) 借：制造费用 4 200

库存现金 1 400

贷：其他应收款 5 600

(11) 借：应收账款 1 000

贷：其他业务收入 1 000

(12) 借：管理费用 300

贷：现金 300

(13) 借：应收票据 620 000

贷：主营业务收入 620 000

(14) 借：生产成本 300 000

制造费用 10 000

销售费用 5 000

管理费用 1 200

贷：原材料 316 200

(15) 借：生产成本 32 000

制度费用 18 000
销售费用 20 000
管理费用 6 000
贷：应付职工薪酬 76 000

（16）借：生产成本 4 480
制度费用 2 520
销售费用 2 800
管理费用 840
贷：应付职工薪酬 10 640

（17）借：生产成本
34 720（4 200 + 10 000 + 18 000 + 2 520）
贷：制造费用
34 720（4 200 + 10 000 + 18 000 + 2 520）

（18）借：库存商品
371 200（300 000 + 32 000 + 4 480 + 34 720）
贷：生产成本
371 200（300 000 + 32 000 + 4 480 + 34 720）

（19）借：主营业务成本 140 330
贷：库存商品 140 330

（20）借：其他业务成本 450
贷：原材料 450

（21）借：主营业务收入 620 000
其他业务收入 1 000
营业外收入 68 000
贷：本年利润 689 000

（22）借：本年利润 246 920
贷：主营业务成本 140 330
其他业务成本 450

管理费用 8 340

销售费用 87 800

营业外支出 10 000

（23）应交所得税 =（689 000 - 246 920）×25% =110 520（元）

借：所得税费用 110 520

贷：应交税费——应交所得税 110 520

（24）借：本年利润 110 520

贷：所得税费用 110 520

2. 根据上述经济业务，编制“利润表”。

利润表

2009 年 6 月

项目	本月金额
一、营业收入	621 000
减：营业成本	140 780
营业税金及附加	
销售费用	87 800
管理费用	8 340
财务费用（收益以“ - ”号填列）	
资产减值损失	
加：公允价值变动净收益（净损失以“ - ”号填列）	
投资净收益（净损失以“ - ”号填列）	
二、营业利润（亏损以“ - ”填列）	384 080
加：营业收入	68 000
减：营业外支出	10 000

表(续)

项目	本月金额
其中，非流动资产处置净损失（净收益以“－”号填列）	
三、利润总额	442 080
减：所得税费用	110 520
四、净利润（净亏损以“－”填列）	331 560
五、每股收益	
（一）基本每股收益	
（二）稀释每股收益